Lettres d'amour d'une religieuse portugaise, écrites au chevalier de C. officier françois en Portugal; revues, corrigées & augmentées de nouvelles lettres, & de différentes pieces de poésies. Nouvelle edition. ... Volume 1 of 2

Gabriel Joseph de Lavergne

ECCO
PRINT EDITIONS

Lettres d'amour d'une religieuse portugaise, écrites au chevalier de C. officier françois en Portugal; revues, corrigées & augmentées de nouvelles lettres, & de différentes pieces de poésies. Nouvelle edition. ... Volume 1 of 2

Guilleragues, Gabriel Joseph de Lavergne, vicomte de

ESTCID: T073487

Reproduction from British Library

Anonymous. Now believed to be the work of Lavergne de Guilleragues, but long attributed to Mariana Alcoforado. Possibly printed in Paris.

Londres : chez C. G. Seyffert, 1777.

2v. ; 12°

Eighteenth Century
Collections Online
Print Editions

Gale ECCO Print Editions

Relive history with *Eighteenth Century Collections Online*, now available in print for the independent historian and collector. This series includes the most significant English-language and foreign-language works printed in Great Britain during the eighteenth century, and is organized in seven different subject areas including literature and language; medicine, science, and technology; and religion and philosophy. The collection also includes thousands of important works from the Americas.

The eighteenth century has been called "The Age of Enlightenment." It was a period of rapid advance in print culture and publishing, in world exploration, and in the rapid growth of science and technology – all of which had a profound impact on the political and cultural landscape. At the end of the century the American Revolution, French Revolution and Industrial Revolution, perhaps three of the most significant events in modern history, set in motion developments that eventually dominated world political, economic, and social life.

In a groundbreaking effort, Gale initiated a revolution of its own: digitization of epic proportions to preserve these invaluable works in the largest online archive of its kind. Contributions from major world libraries constitute over 175,000 original printed works. Scanned images of the actual pages, rather than transcriptions, recreate the works *as they first appeared.*

Now for the first time, these high-quality digital scans of original works are available via print-on-demand, making them readily accessible to libraries, students, independent scholars, and readers of all ages.

For our initial release we have created seven robust collections to form one the world's most comprehensive catalogs of 18th century works.

Initial Gale ECCO Print Editions collections include:

History and Geography
Rich in titles on English life and social history, this collection spans the world as it was known to eighteenth-century historians and explorers. Titles include a wealth of travel accounts and diaries, histories of nations from throughout the world, and maps and charts of a world that was still being discovered. Students of the War of American Independence will find fascinating accounts from the British side of conflict.

Social Science

Delve into what it was like to live during the eighteenth century by reading the first-hand accounts of everyday people, including city dwellers and farmers, businessmen and bankers, artisans and merchants, artists and their patrons, politicians and their constituents. Original texts make the American, French, and Industrial revolutions vividly contemporary.

Medicine, Science and Technology

Medical theory and practice of the 1700s developed rapidly, as is evidenced by the extensive collection, which includes descriptions of diseases, their conditions, and treatments. Books on science and technology, agriculture, military technology, natural philosophy, even cookbooks, are all contained here.

Literature and Language

Western literary study flows out of eighteenth-century works by Alexander Pope, Daniel Defoe, Henry Fielding, Frances Burney, Denis Diderot, Johann Gottfried Herder, Johann Wolfgang von Goethe, and others. Experience the birth of the modern novel, or compare the development of language using dictionaries and grammar discourses.

Religion and Philosophy

The Age of Enlightenment profoundly enriched religious and philosophical understanding and continues to influence present-day thinking. Works collected here include masterpieces by David Hume, Immanuel Kant, and Jean-Jacques Rousseau, as well as religious sermons and moral debates on the issues of the day, such as the slave trade. The Age of Reason saw conflict between Protestantism and Catholicism transformed into one between faith and logic -- a debate that continues in the twenty-first century.

Law and Reference

This collection reveals the history of English common law and Empire law in a vastly changing world of British expansion. Dominating the legal field is the *Commentaries of the Law of England* by Sir William Blackstone, which first appeared in 1765. Reference works such as almanacs and catalogues continue to educate us by revealing the day-to-day workings of society.

Fine Arts

The eighteenth-century fascination with Greek and Roman antiquity followed the systematic excavation of the ruins at Pompeii and Herculaneum in southern Italy; and after 1750 a neoclassical style dominated all artistic fields. The titles here trace developments in mostly English-language works on painting, sculpture, architecture, music, theater, and other disciplines. Instructional works on musical instruments, catalogs of art objects, comic operas, and more are also included.

The BiblioLife Network

This project was made possible in part by the BiblioLife Network (BLN), a project aimed at addressing some of the huge challenges facing book preservationists around the world. The BLN includes libraries, library networks, archives, subject matter experts, online communities and library service providers. We believe every book ever published should be available as a high-quality print reproduction; printed on-demand anywhere in the world. This insures the ongoing accessibility of the content and helps generate sustainable revenue for the libraries and organizations that work to preserve these important materials.

The following book is in the "public domain" and represents an authentic reproduction of the text as printed by the original publisher. While we have attempted to accurately maintain the integrity of the original work, there are sometimes problems with the original work or the micro-film from which the books were digitized. This can result in minor errors in reproduction. Possible imperfections include missing and blurred pages, poor pictures, markings and other reproduction issues beyond our control. Because this work is culturally important, we have made it available as part of our commitment to protecting, preserving, and promoting the world's literature.

GUIDE TO FOLD-OUTS MAPS and OVERSIZED IMAGES

The book you are reading was digitized from microfilm captured over the past thirty to forty years. Years after the creation of the original microfilm, the book was converted to digital files and made available in an online database.

In an online database, page images do not need to conform to the size restrictions found in a printed book. When converting these images back into a printed bound book, the page sizes are standardized in ways that maintain the detail of the original. For large images, such as fold-out maps, the original page image is split into two or more pages

Guidelines used to determine how to split the page image follows:

• Some images are split vertically; large images require vertical and horizontal splits.
• For horizontal splits, the content is split left to right.
• For vertical splits, the content is split from top to bottom.
• For both vertical and horizontal splits, the image is processed from top left to bottom right.

LETTRES

D'AMOUR

D'UNE

RELIGIEUSE

PORTUGAISE,

ÉCRITES

AU CHEVALIER DE C.

Officier François en Portugal ;

'Revues, corrigées, & augmentées de nouvelles Lettres, & de différentes Pieces de Poéfies.

NOUVELLE ÉDITION.

TOME PREMIER.

A LONDRES,

Chez C. G. Seyffert, Libraire.

M. DCC. LXXVII.

A
MADAME,
MAD. J. C. W***.

*M*ADAME,

*J'euſſe long-temps héſité à vous dé-
dier ce petit Ouvrage, ſi je n'avois eſpéré que vos bontés excuſeroient le tort
que je fais à votre modeſtie. L'empreſſement que j'ai toujours eu de vous témoigner les égards dus à votre mérite,
m'a fait paſſer ſur toute autre conſi-
dération; & ſi d'un côté j'ai manqué
à celle qui auroit dû m'impoſer ſilence,*

ÉPITRE.

j'ai rempli, d'un autre, ce que l'équité & le devoir exigeoient de mes foumiffions. Je fais, MADAME, que la principale de vos qualités eft de cacher celles que le Ciel a réunies en votre Perfonne. mais peut-on les connoître, fans fe faire une gloire de les mettre au jour? Cependant vous voulez qu'on les ignore, j'y confens, en revanche permettez que je m'explique fur la valeur du préfent que j'ai l'honneur de vous offrir : il ne mérite rien moins que l'avantage de bleffer votre humilité, & pour peu que vous lui trouviez quelque chofe au delà de fon jufte prix, il en fera bien plus redevable à un moment de vos lectures, qu'aux foins & à l'attente de celui qui a l'honneur d'être, avec toute la confidération imaginable,

MADAME,

Votre très-humble
& très-obéiffant
ferviteur, ****

AVERTISSEMENT

DU

LIBRAIRE.

LE ſtyle, la diction, la naiveté, la vérité de ces *Lettres*, ſont autant de traits qui caractériſent cet Ouvrage, & autant de raiſons qui nous ont engagé à en faire une nouvelle Édition. On la trouvera différente de toutes celles qui l'ont précédée, tant pour l'étendue de la matiere, que pour ce qui regarde l'arrangement & le choix des ſujets dont on a fait uſage. On a d'abord remédié à l'inconvénient de diviſer des Pieces rélatives, en plaçant la *Réponſe* immédiatement à la ſuite de chaque *Lettre;* on y a inſéré diverſes autres *Lettres* d'un commerce amoureux, & qui, par les expreſſions, la délicateſſe & l'ingénuité, peuvent aller de pair avec les *Portugaiſes*; enfin, on a pris des *Poéſies Françoiſes* de Mr. l'Abbé REGNIER DESMARAIS quelques lambeaux qui nous ont paru les plus ſortables; d'autant plus qu'en nous prévalant de cette reſſource, nous ne donnons que ce qui nous appartient en propre, & que, d'ailleurs, nous ſommes perſuadés que tout Lecteur de bon goût verra avec plaiſir qu'on lui remette ſous les yeux des échantillons d'un Écrivain digne d'être lu toute la vie. Au reſte, nous n'avons rien négligé pour rendre cette Édition auſſi exacte & auſſi complette qu'il ſoit poſſible de la deſirer. On a touché à quelques phraſes ambigues; on a coupé celles qui faiſoient un enchaînement trop long, & qui en renfermoient pluſieurs autres d'un ſens complet par elles-mêmes, enfin, l'Ouvrage eſt revu, corrigé & augmenté avec beaucoup d'attention & de préciſion.

PREMIERE LETTRE D'AMOUR.

IL eſt donc poſſible que vous ayez eté un moment en colere contre moi, & qu'avec une paſſion la plus tendre & la plus délicate qui fût jamais, je vous aie donné un inſtant de chagrin! Helas! de quel remords ne ſerois-point capable, ſi je manquois à la fidélité que je vous dois, puiſque je ne m'accuſe que d'un excès de délicateſſe, & que je ne puis me pardonner votre courroux! Mais pourquoi faut-il qu'il me donne ce remords? N'ai je pas eu raiſon de me plaindre; & n'offenſerois je pas votre paſſion, ſi j'avois pu ſouffrir, ſans murmure, que vous ayez la force de me cacher quelque choſe? He! bon Dieu, je fais des reproches continuels

à mon ame, de ce qu'elle ne vous découvre
pas affez l'ardeur de fes mouvements, &
vous voulez me cacher tous les fecrets de
la vôtre! Quand mes regards font trop languiffants, il me femble qu'ils ne fervent que
ma tendreffe, & qu'ils volent quelque chofe
à mon ardeur; s'ils font trop vifs, ma langueur leur fait le même reproche, & avec
les actions du monde les plus parlantes, je
crois n'en pas affez dire, pendant que vous
me faites des réferves d'une bagatelle. Ah!
que ce procédé m'a touchée, & que je vous
aurois fait de pitié, fi vous aviez pu voir
tout ce qu'il m'a fait penfer! Mais pourquoi fuis-je fi curieufe? Pourquoi veux-je
lire dans une ame où je ne trouverois que
de la tiédeur, & peut-être de l'infidélité?
C'eft votre honnêteté propre qui vous rend
fi réfervé, & je vous ai de l'obligation de
votre myftere. Vous voulez m'épargner la
douleur de connoître toute votre indifférence, & vous ne diffimulez vos fentiments
que par pitié pour ma foibleffe. Hélas! que
ne m'avez-vous paru tel dans les commencements de notre connoiffance! peut-être
que mon cœur fe fût réglé fur le vôtre.
Mais vous ne vous êtes réfolu à m'aider
avec un peu d'empreffement, que quand
vous avez reconnu que j'en avois jufques à
la fureur. Ce n'eft pourtant pas par tempe-

rament que vous êtes fi retenu. Vous êtes
emporté; je l'éprouvai hier au foir : mais,
hélas! votre emportement n'eft fait que
pour le courroux, & vous n'êtes fenfible
qu'à ce que vous croyez des outrages. Ingrat! que vous a fait l'Amour, pour être fi
mal partagé? Que n'employez-vous cette
impétuofité pour répondre à la mienne?
Pourquoi faut-il que ces démarches préci-
pitées ne fe faffent pas pour avancer les
moments de notre félicité? Et qui diroit,
en vous voyant fi prompt à fortir de ma
chambre quand le dépit vous en chaffe, que
vous êtes fi lent à y venir quand l'Amour
vous y appelle? Mais je mérite bien ce
traitement; j'ai pu vous ordonner quelque
chofe. Eft ce à un cœur tout à vous, à entreprendre de vous donner des loix? Allez,
vous avez bien fait de l'en punir, & je de-
vrois mourir de honte d'avoir cru être maîtreffe d'aucun de mes mouvements. Ah!
que vous favez bien comme il faut châtier
cette efpece de révolte! Vous fouvient-il
de la tranquillité apparente avec laquelle
vous m'offrîtes hier au foir de m'aider à ne
plus vous voir? Avez-vous bien pu m'offrir
ce remede; ou, pour mieux dire, m'avez-
vous cru capable de l'accepter? Car dans
la délicateffe de mon amour, il me feroit
bien plus douloureux de me voir foupçon-

née d'un crime, que de vous voir en commettre un. Je fuis plus jaloufe de ma paſſion que de la vôtre ; & je vous pardonnerois plus aifément une infidélité, que le foupçon de me la voir faire. Oui, c'eſt de moi-même que je veux être contente, plutôt que de vous. Ma tendreſſe m'eſt ſi précieuſe, & l'eſtime que je fais de vous m'y fait trouver tant de gloire, que je ne fais point de plus grand crime que de vous en laiſſer douter. Mais comment en douteriez-vous? Tout vous le perſuade, & dans votre cœur, & dans le mien. Vous n'avez pas une négligence qui ne vous apprenne que je vous aime juſques à l'adoration, & l'Amour m'a ſi bien appris l'art de tirer du profit de toutes choſes, qu'il n'y a pas juſques à la retenue de mes careſſes qui ne vous convainque de l'excès de ma paſſion. N'avez-vous jamais remarqué cet effet de ma complaiſance? Combien de fois ai-je retenu les tranſports de ma joie à votre arrivée, parce qu'il me ſembloit remarquer dans vos yeux que vous me vouliez plus de modération! Vous m'auriez fait grand tort, ſi vous n'aviez pas obſervé ma contrainte dans ces occaſions; car ces ſortes de ſacrifices ſont les plus pénibles pour moi que je vous aie jamais faits. Mais je ne vous les reproche point, que m'importe que je fois parfaitement heureufe, pourvu que ce qui manque à mon bonheur, augmente le vôtre! Si vous étiez plus empreffé, j'aurois le plaifir de me croire plus aimée; mais vous n'auriez pas celui de l'être tant. Vous croiriez devoir quelque chofe à votre amour, & j'ai la gloire de voir que vous ne devez rien qu'à mon inclination. N'abufez pourtant pas de cette généiofité amoureufe, & n'allez pas vous avifer de la pouffer jufques à m'arracher le peu d'empreffement qui vous refte; au contraire, foyez généreux à votre tour, venez me protefter que le défintereffement de ma tendreffe augmente la vôtre, que je ne hazarde rien quand je crois mettre tout au hazard, & que vous êtes auffi tendre & auffi fidele que je fuis tendrement & fidélement à vous.

___

RÉPONSE à LA PREMIERE LETTRE.

J'AVOUE que vous exprimez l'amour que vous me portez par des termes fi doux, que je ferois un infenfible fi je n'étois vivement touché. Les témoignages que vous m'en avez donnés la premiere fois que j'eus l'honneur de vous voir, étoient des marques trop certaines pour n'en être pas convaincu, il n'étoit pas befoin de me les réi-

térer par des fentiments fi preffants de votre tendreffe · cela ne fait qu'affliger un miférable Amant, qui ne penfe qu'à vous,
qui ne refpire & ne vit que pour vous tous
les moments du jour & de la nuit. Vous
êtes l'idée la plus douce de mon imagina-
tion, qui flatte mon ame & mes fens. Je
ne dors, ni nuit, ni jour; ou fi le fommeil
me ferme les yeux un moment, ce n'eft
que pour me gêner davantage par d'agréables fonges qui vous repréfentent à mes
fens. Ah ! plût à Dieu que ces fonges amoureux n'euffent jamais d'entrée dans mon ima-
gination, ou qu'ils y demeuraffent toujours
après mon réveil ! Mais, que dis-je, malheureux! ah! je trahis ma paffion ! Je me
repens : je me plais dans ma fouffrance, &
je trouve qu'il m'eft doux d'endurer pour
l'objet le plus aimable & le plus charmant
du monde; ce font les purs fentiments de
mon ame. Vous m'avez toujours paru telle
dès le moment que je fus affez heureux de
vous voir, & je conçus dès-lors un amour
fi violent pour vous, que je ne fais depuis
que languir doucement dans vos fers. Jugez, après cela, fi votre amour a manqué
de prévoyance envers moi. Non, non, vous
n'êtes point trahie, vos efpérances font fondées fur une perfonne qui ne vous man-
quera qu'à la fin de fa vie. Je connois que

votre paſſion eſt extrême, & que mon abſence vous eſt cruelle ; mais elle ne vous
ſauroit cauſer plus de tourments, que la
vôtre ne me cauſe de déplaiſirs & de douleurs, & j'eſpere que mon retour ne vous
donnera pas plus de contentement que votre préſence me donnera de joie. Prenez
courage, Madame, appaiſez votre douleur ; qu'elle ne ſoit plus ingénieuſe à vous
tourmenter pour une perſonne qui ne dépend que de vous, & qui eſt toute à vous.
J'eſpere revoir l'éclat charmant de vos beaux
yeux, qui me tient lieu de tous le plaiſirs,
& qui fait toute ma félicité Que ces beaux
yeux donc ſe raniment, qu'ils reprennent
leur premiere clarté, & qu'ils ceſſent de
verſer des larmes ; ſoyez aſſurée qu'ils re-
verront celui que vous avez tant ſouhaité.
Si mon éloignement vous eſt ennuyeux, le
vôtre me l'eſt encore davantage, puiſqu'il
me fait mourir mille fois le jour. Il eſt bien
doux de recevoir une ſi belle vie que la
vôtre, & d'en jouir heureuſement ; mais ne
parlez pas de me la ſacrifier. Je n'ai rien
en moi qui mérite un ſi beau ſacrifice, ſinon
la qualité d'un parfait Amant ; c'eſt ſous un
titre ſi doux que j'oſe l'accepter, & vous
ſacrifier la mienne toute entiere. Je ſais que
vous envoyez inceſſamment des ſoupirs vers
moi, & j'en pouſſe à tous moments vers

vous ; les vôtres m'apprennent votre inquiétude, & les miens vous annoncent mon
amour, qui durera éternellement, & qui
vous doit faire espérer que vous verrez un
jour la fin de votre tristesse. Cessez donc,
Madame, de vous affliger davantage, & sachez que les plus doux plaisirs de la France
me sont de rigoureux supplices, quand je
songe que je suis assez malheureux pour
être éloigné de vous. Je sais que vous êtes
très-persuadée de ma tendresse, comme
vous me le témoignez, puisque vous vous
souvenez encore des empressements que j'ai
eus pour vous, & des services que je vous
ai rendus ; c'est peu de chose au regard de
mon amour, qui va infiniment au delà de
ce qu'il a fait pour vous. La moindre reconnoissance que vous en avez, vaut mille
fois plus que tous les soins imaginables que
le plus parfait Amant pourroit prendre pour
vous servir. Que ces petits soins que j'ai
eus pour vous, ne vous tourmentent plus ;
mais songez plutôt à ceux que j'ai présentement de vous en aller témoigner de nouveaux. Ne pensez plus aussi à ma derniere
Lettre, mais bien à celle que je vous écris ;
elle vous doit faire ressentir autant de joie,
que les autres vous ont causé de déplaisirs.
Pour moi, je vous assure que je n'ai jamais
éte plus sensiblement touché que lorsque

j'ai reçu de vos nouvelles, & que je me fuis
pâmé plus de trois heures de joie & d'a-
mour dans le cercle des plus belles Dames
de ce Pays. Mais tout cela n'eft rien au
prix des reffentiments que j'ai préfentement
de la douleur que vous fouffrez de mon abfence, & je vous puis affurer que je parti-
cipe de tout mon cœur à tous les maux &
aux differentes indifpofitions que vous avez.
Ce font autant de traits qui me percent à
tous moments le cœur; & plus le fouvenir
de votre amour & de vos perfections m'eft
doux, plus je fuis accable de douleur du
mal que vous endurez Mais à quoi bon vous
plaindre davantage du mal que vous fouffrez en m'aimant? Que puis-je faire plus,
finon que de vous adorer tous les jours comme je fais, vous facrifier ma vie? Ce font
les termes fi doux dont vous vous fervez
pour me témoigner votre amour; & moi,
j'ai un fenfible déplaifir de n'en avoir pas
de plus preffants pour vous expiimer ma
tendreffe Je me réfous à fuivre entiérement
vos fentiments d'amour, & à vous confa-
crer tous les miens, fans les partager avec
aucune perfonne. Ils font tous à vous, &
je vous affure que jamais mon ame ne pouf-
fera de foupir que pour vous : auffi ne puis-
je aimer une perfonne plus parfaite & plus
accomplie. Le feul mérite de votre beauté

A v

& de votre amour vous doit être un préfage affuré que je n'aurai jamais d'autre inclination que pour vous. Croyez, Madame, que fi j'ai quitté le Portugal, ç'a été pour le deplaifir que j'ai eu de ne pouvoir pas affez familiérement converfer avec vous dans votre malheureux Cloître. Je vous ai fait efpérer que j'irois paffer quelque temps avec vous : mais je fais bien que c'eft trop peu ; &, puifque vous le defirez, j'y pafferai toute ma vie. Je chercherai les moyens d'accomplir vos volontés, & de vous rendre les refpects & les adorations que je vous dois, comme à la plus belle & à la plus parfaite Amante Je vous confirme cette vérité, pour mettre fin tous deux à nos déplaifirs & à nos douleurs. J'ai une extrême joie de favoir que la Lettre que j'ai reçue de Monfieur votre frere, ait donné quelque treve à vos déplaifirs, elle m'a beaucoup foulagé. Je fais que votre enchantement & votre paffion amoureufe proviennent de moi ; vous n'ignorez pas que je n'en ai pas moins pour vous ; & que fi je vous ai rendu malheureufe, je me fuis auffi rendu malheureux en vous quittant ; mais ce ne fera pas pour long-temps. Ni mon éloignement, ni votre Cloître ne m'empêcheront pas de vous aimer & de m'approcher de vous : ce lieu poffède un tréfor qui n'appartient qu'à moi ;

c'eſt ce que vous connoîtrez à mon retour, & dont vous pouvez être aſſurée par mes Lettres. Le malheureux deſtin ne nous a ſéparés que pour un temps, mais l'Amour a uni nos cœurs pour jamais. Je vous écrirai ſouvent, pour vous témoigner l'intérêt que je prends à la conſervation de votre vie; & que je ſouffre vos douleurs, afin que vous connoiſſiez par-là que mon amour eſt au plus haut point. Adieu. je n'en puis plus. Je conſerve votre Lettre plus chérement que ma propre vie, je la baiſe mille fois le jour, & plût à Dieu vous pouvoir embraſſer de même ! Je l'eſpere un jour, & que le deſtin nous réunira, ainſi qu'il nous a ſéparés. Adieu, la plume me tombe de la main ; j'attends avec impatience votre réponſe. Conſervez moi votre amitié, & croyez que je ne retournerai en Portugal, que pour vous délivrer des maux que vous endurez pour moi, qui vous ſuis abſolument acquis, & qui ſuis plus à vous mille fois qu'à moi-même.

II. LETTRE.

SANS mentir, cette Dame d'hier au ſoir eſt bien laide ; elle danſe d'un méchant

air, & le Comte de Cugne avoit eu grand
tort de la dépeindre comme une belle perfonne. Comment pûtes-vous demeurer fi
long-temps auprès d'elle ? Il me sembloit
à l'air de son visage, que ce qu'elle vous di-
soit n'étoit point spirituel ; cependant vous
avez causé avec elle une partie du temps
que l'assemblée a duré, & vous avez eu la
dureté de me dire que sa conversation ne
vous avoit pas déplu Que vous disoit-elle
donc de si charmant ? Vous apprenoit-elle
des nouvelles de quelque Dame de France
qui vous soit chere, ou si elle commençoit
à vous le devenir elle-même ? car il n'y
a que l'amour qui puisse faire soutenir une
si longue conversation. Je ne trouvai point
vos François nouveaux arrivés si agréables : j'en fus obsédée tout le soir ; ils me
dirent tout ce qu'ils purent imaginer de
plus joli, & je voyois bien qu'ils l'affec-
toient ; mais ils ne me divertirent point,
& je crois que ce sont leurs discours qui
m'ont causé la migraine effroyable que j'ai
eue toute la nuit. Vous ne le sauriez point,
si je ne vous l'apprenois . vos gens sont oc-
cupés sans doute à aller savoir comment
cette heureuse Françoise se trouve de la
fatigue d'hier au soir; car vous la fîtes assez
danser pour la faire malade. Mais qu'a-t-elle
de si charmant ? La croyez vous plus ten-

dre & plus fidelle qu'une autre? Lui avez-
vous trouvé une inclination plus prompte
à vous vouloir du bien, que celle que je
vous ai fait paroître? Non, fans doute,
cela ne fe peut pas. Vous favez bien que
pour vous avoir vu paffer feulement, je
perdis tout le repos de ma vie; & que fans
m'arrêter à mon fexe & à ma naiffance, je
courus la premiere aux occafions de vous
voir une feconde fois. Si elle en a fait davantage, elle eft à votre lever ce matin,
& le petit Durino la trouvera fans doute
affife auprès de votre chevet. Je le fouhaite pour votre felicité, j'aime fi fort votre joie, que je confens à la faire durer
toute ma vie aux dépens de la mienne propre; & fi vous voulez régaler ce bel objet
de la lecture de cette Lettre ci, vous le
pouvez fans fcrupule. Ce que je vous écris
ne fera pas inutile à l'avancement de vos
affaires. j'ai un nom connu dans ce Royaume; on m'y a toujours flattée de quelque
beauté, & j'avois cru en avoir, jufques
au moment que votre mépris m'a defabu-
fee Propofez moi donc pour exemple à
votre nouvelle conquête, dites-lui que je
vous aime jufques à la folie; je veux bien
en tomber d'accord, & j'aime mieux con-
tribuer à ma perte par un aveu, que de
nier une paffion fi chere. Oui, je vous aime

mille fois plus que moi-même · au moment que je vous ecris, je suis jalouse, je
l'avoue, votre procédé d'hier a mis la rage
dans mon cœur; & je vous crois infidele,
puisqu'il faut vous dire tout. Mais, malgré tout cela, je vous aime plus qu'on n'a
jamais aimé Je hais la Marquise de Fur-
tado, de vous avoir donné l'occasion de voir
cette nouvelle-venue; je voudrois que la
Marquise de Castro n'eût jamais été, puisque c'étoit à ses noces que vous deviez me
donner la douleur que je ressens. Je hais
celui qui a inventé la danse, je me hais
moi-même, & je hais la Françoise mille
fois plus que tout le reste ensemble Mais
de tant de haines différentes, aucune n'a eu
l'audace d'aller jusques à vous : vous me
paroissez toujours aimable, sous quelque
forme que je vous regarde; jusques aux
pieds de cette cruelle rivale qui vient troubler toute ma félicité, je vous trouvois
mille charmes qui n'ont jamais été qu'en
vous. J'étois même si sotte, que je ne pouvois m'empêcher d'être ravie qu'on vous
les trouvât comme moi; & bien que je sois
persuadée que c'est à cette opinion que je
devrai peut-être la perte de votre cœur,
j'aime mieux me voir condamnée à cet
abyme de désespoir, que de vous souhaiter une louange de moins. Mais comment

eſt ce que l'Amour peut faire pour accorder tant de choſes oppoſées ? On ne peut pas avoir plus de jalouſie pour tout ce qui vous approche que j'en ai, & cependant j'irois au bout du monde vous chercher de nouveaux admirateurs. Je hais cette Françoiſe d'une haine ſi acharnée, qu'il n'y a rien de ſi cruel que je ne me croie capable de faire pour la détruire, & je lui ſouhaiterois la félicité d'être aimée de vous, ſi je penſois que cet amour vous rendît plus heureux que vous ne l'êtes. Oui, je ſens bien que j'aime tant votre joie, je me trouve ſi heureuſe quand je vous vois content, que s'il falloit immoler tout le plaiſir de ma vie à un inſtant du vôtre, je le ferois ſans balancer. Pourquoi n'êtes-vous pas comme cela pour moi ? Ah ! que ſi vous m'aimiez autant que je vous aime, que nous aurions de bonheur l'un & l'autre ! Votre félicité feroit la mienne, & la vôtre en feroit bien plus parfaite. Aucune perſonne ſur la terre n'a tant d'amour dans le cœur que j'en ai, nulle ne connoît ſi bien ce que vous valez, & vous me ferez mourir de pitié, ſi vous êtes capable de vous attacher à quelque autre. Après avoir été accoutumé à mes manieres d'aimer, croyez moi, mon Cher, vous ne ſauriez être heureux qu'avec moi. Je connois les

autres femmes par moi-même, & je sens
bien que l'Amour n'a fait naître que moi
sur la terre pour vous　Que deviendroit
toute votre délicatesse, si elle ne trouvoit
plus mon cœur pour y répondre? Ces regards si éloquents & si bien entendus, se-
roient-ils secondés par d'autres yeux, comme ils le sont par les miens? Non, cela
n'est pas possible, seuls, nous savons bien
aimer : nous mourrions de chagrin l'un &
l'autre, si nos deux ames avoient trouvé
quelque assortiment qui n'eût pas été elles-
mêmes.

RÉPONSE À LA SECONDE LETTRE.

C'EST à tort que vous m'accusez de
vous maltraiter, & de vous mettre en oubli. Je ne crois pas, en vérité, que vous
ayez de tels sentiments de moi; ou, si cela
est, vous n'avez pas encore reçu ma Lettre. Je m'assure que lorsque vous l'aurez
reçue, vous en serez entiérement dissua-
dée. Je ne puis que faire présentement,
sinon de vous désabuser de cette croyance,
en vous témoignant toujours la forte passion que j'ai pour vous. Je serois le plus
perfide Amant du monde, si, après tant de
témoignages si doux de ma passion & de la

réciproque que vous m'avez rendue, je ne perſévérois pas dans mon amour. Oui, Madame, croyez que je ſuis, & ſerai toujours le même. Mon éloignement ne fait que m'enflammer davantage. Il me cauſe un tourment ſi rigoureux, que je juge aiſément, par le mal que je ſouffre, de la violence du vôtre. Ceſſez donc de vous affliger davantage; oubliez ce déſeſpoir où vous êtes, ſi vous ne voulez donner la mort à un miſérable qui ne penſe à toute heure qu'à vous, & dont vous augmentez infiniment les ſupplices par le ſurcroît de vos douleurs, & des plaintes que vous me faites. Ah! pourquoi vous ai-je jamais vue; ou, lorſque je vous ai vue, que n'aviez-vous moins d'amour & de beauté! Mais que dis-je, malheureux! Non, je ne voudrois pas pour mille vies comme la mienne, avoir été privé du bonheur de vous voir, puiſque cette premiere vue a fait le comble de ma félicité. J'en ſuis ravi; & ſi je ſouffre éloigné de vous, ce ſont des tourments ſi aimables, que je ne ſaurois m'en plaindre qu'avec injuſtice; ou, ſi je m'en plains, c'eſt de ſavoir les vôtres, & de connoître les plaintes que vous faites contre une perſonne qui n'a pas un moment de vie qui ne ſoit à vous. Ne me faites point ces reproches honteux que je vous ai abuſée; cela

est indigne d'un honnête homme & d'un
véritable amant. Vous devez être persuadée par la tendresse que j'ai pour vous, que
mon procédé est de meilleure foi; l'excès
de mon amour vous doit mettre au dessus
de tous ces soupçons. Comme vous êtes la
plus agréable & la plus parfaite amante,
aussi méritez-vous plus de fidélité & d'a-
mour que l'on n'en trouve dans tous les
amants du monde. Mais à quoi bon me dire
que je vous trahis? Est-ce là la justice que
vous rendez à mon amour, & voulez-vous
m'arracher la vie par des termes si rigoureux? Que vous ai-je fait pour avoir ces
sentiments de moi? Ai-je manqué de fidélité? Avez-vous reconnu quelque froideur
en moi? Vous ai-je donné quelque déplaisir? Je choisirois plutôt mille fois la mort,
que de vous avoir désobligée en quoi que
ce soit. Vous dites que vous n'avez point
reçu de mes nouvelles depuis six mois; mais
accusez en l'infidélité du messager, puisque
j'ai écrit deux fois depuis ce temps là, &
non l'aveuglement que vous croyez avoir
eu en m'aimant. Nos plaisirs ne sont point
finis; ou, s'ils le sont, ce n'est que pour un
temps. Vous me reverrez un jour en Portugal, & vous devez être assurée que je
veux renoncer de tout mon cœur à mes parents, à mes biens & à mon pays, pour

m'attacher entiérement à vous. Si vos douleurs font vraies, vos defirs ne feront point
inutiles. J'efpere jouir de vos douceurs &
de vos charmes dans votre chambre plutôt
que vous ne croyez, avec toute l'ardeur &
les reffentiments d'amour que vous defirez
de moi, fans que nos plaifirs finiffent qu'à
la fin de notre vie. Réjouiffez-vous dans
cette heureufe efperance, de goûter plus
que jamais les plus tendres delices de notre
amour. Je fais que vous m'avez dit que je
vous rendrois malheureufe, mais ce n'eft
que pour un temps, puifque mon éloignement fini, ma préfence & la vôtre vous feront goûter des joies exceffives. Ne cher-
chons point d'autres remedes à nos maux,
que l'efpérance de nous revoir au plutôt.
Si nous fouffrons, fouffrons agréablement.
Vous me dites que je fuis plus à plaindre
que vous : mais je ne le fuis pas davantage, puifque votre amour va jufqu'à l'excès;
ou, fi je le fuis, ce ne font pas mes maî-
treffes de France qui me rendent malheureux, puifque vous êtes la feule à qui je
me fuis entiérement voué, je vous conjure
de tout mon cœur d'en être convaincue.
Si vous avez pitié de moi, que ce foit pour
l'amour que je vous porte, & non point
pour cette indifférence dont vous m'accufez. C'eft faire injuftice à ma paffion; mais

c'eſt à bon droit que vous vous flattez que
je ne puis goûter que des plaiſirs imparfaits ſans vous, puiſque je n'en ai que celui d'être inceſſamment occupé de vous,
comme vous l'êtes de moi. J'ai bien de la
joie de ſavoir que vous ſoyez Portiere de
votre Couvent : c'eſt un moyen aſſuré de
faire réuſſir nos intentions ; mais je vous
conjure de cacher votre amour plus que
vous n'avez fait, afin que nous puiſſions le
continuer avec plus d'aſſurance. N'enviez
point le bonheur d'Emmanuel & de Fran-
ciſque ; ils ne ſont avec moi qu'en qualité
de laquais, & je ne les conſidere qu'à cauſe
qu'ils viennent de vous, mais pour vous,
vous êtes la véritable maîtreſſe de mon
cœur. Plût à Dieu néanmoins que vous me
fuſſiez auſſi préſente ! que je me tiendrois
heureux, puiſque tout mon deſir n'eſt que
de vous ſervir, & de vivre & mourir avec
vous ! J'avoue que je ne me ſers que des mêmes termes dont vous uſez pour me témoigner votre amour ; mais où pourrois-je en
trouver de plus doux & de plus ſinceres que
ceux qui partent de votre cœur ? Si je les
répete, ce n'eſt que pour vous aſſurer que
je ne deſire pas ſeulement me ſouvenir éternellement de vous, mais encore vous poſ-
ſéder toute ma vie, au lieu que vous ſou-
haiterez. Je me ſacrifie à vous avec le même

zele que vous me témoignez; je vous aime
& je vous adore de toute mon ame Ne
vous imaginez point être féduite à caufe de
ma longue abfence, elle finira bientôt, &
vous connoîtrez le contraire de ce que vous
avez cru de moi L'emportement de ma
paffion eft du moins égal au vôtre N'ayez
point de déplaifir d'avoir trop divulgué votre amour contre l'honneur du monde &
de votre Religion, au contraire, comme
c'eft une perfection que d'aimer, vous avez
cet avantage & cette confolation avec moi
que nous y avons atteint au plus haut point.
Je vous conjure de croire que ma paffion
eft égale à la vôtre, & que je mets pareillement toute ma religion & mon bonheur
à vous aimer éperdument. Vous m'affligez,
lorfque vous me dites que vous ne voulez
pas que je me contraigne à vous écrire.
Dites-moi, je vous prie, puis-je jamais
m'empêcher de vous faire favoir de mes
nouvelles, & de vous affurer que je vous
adore comme la perfonne la plus parfaite
& la plus accomplie? Pourquoi dites-vous
que vous prendrez plaifir à m'excufer & à
me pardonner, fi je n'en fais rien? Penfez-
vous que je puiffe vous oublier? Je n'ai
point de plus grande fatisfaction que lorfque je penfe à vous, & lorfque je mets la
main à la plume pour vous écrire, ni plus

de déplaiſir que lorſque je la quitte. Je ſuis infiniment obligé à ce galant homme, qui a eu la bonté de vous entretenir de moi tant de temps. Aſſurez-vous que, puiſque la paix eſt faite en France, je vous donnerai le contentement que vous deſirez de moi, & que je vous ferai voir ce beau pays le plutôt qu'il me ſera poſſible. Adieu, conſolez-vous, conſervez ma ſanté en conſervant la vôtre. Que mon portrait vous tienne lieu de ma perſonne ; le vôtre me tient lieu de tout ce que j'aime le plus, juſqu'à ce qu'un heureux deſtin nous ait rapprochés l'un de l'autre. Adieu, je ne vous abandonnerai jamais, adieu, je finis, croyez que je ſouffre toutes vos douleurs, mais je vous conjure de ne prendre point de part aux miennes, de peur d'augmenter les vôtres.

III. LETTRE.

Quand donc finira votre abſence ? Paſſerez-vous encore aujourd'hui, ſans revenir à Lisbonne, & ne vous ſouvenez-vous point qu'il y a déja deux jours que vous êtes parti ? Pour moi, je penſe que vous avez envie de me trouver morte à votre retour, & c'eſt moins pour accompagner le Roi à

la visite des vaisseaux, que vous avez quitté
la Cour, que pour vous défendre d'une
Maîtresse incommode. En effet, je le suis
au dernier point, il faut en tomber d'accord;
je ne suis jamais contente, ni de vous, ni
de moi même. Une absence de vingt-quatre
heures me met a la mort; & ce qui seroit
un excès de félicité pour une autre, n'en
est pas toujours une pour moi. Tantôt il me
semble que vous n'en avez pas assez, d'autres fois je vous en trouve tant, que je crains
de ne la pas faire toute seule, & il n'y a
pas jusqu'à mes transports qui ne me cha-
grinent, quand je crois m'appercevoir que
vous ne les remarquez pas assez bien. Vos
distractions me font peur; je voudrois vous
voir tout renfermé dans vous-même, lorsque je sais tout ce qui s'y passe, & quand
vous manquez à en sortir pour examiner mes
emportements, vous me mettez au désespoir. Je ne suis pas sage, je l'avoue, mais le
moyen de l'être, & d'avoir autant d'amour
que j'en ai? Je sais bien qu'il seroit de la
raison d'être en repos au moment que j'é-
cris: vous n'êtes qu'à deux pas de la Ville,
votre devoir vous y retient, & la maladie
de mon frere m'auroit empêché de vous
voir depuis que vous êtes absent. De plus,
il n'y a point de femmes où vous êtes, &
c'est une grande inquiétude hors de mon

cœur. Mais, hélas! qu'il y en eft refté d'autres, & qu'il eft vrai qu'une Amante fe
fait des tourments de toutes chofes, quand
elle aime autant que je fuis! Ces armes,
ces vaiffeaux, cet équipage de guerre vont
vous défaccoutumer des plaifirs pacifiques
de l'amour; peut être, à l'heure qu'il eft,
vous envifagez le moment de notre féparation comme un malheur infaillible, & vous
commencez à donner des raifons à votre
cœur pour l'y faire réfoudre. Ah! la vue des
plus grandes beautés de l'Europe ne feroit
pas fi funefte pour moi, que celle de nos
canons, s'il eft vrai qu'ils produifent cet
effet fur votre efprit. Ce n'eft pas que je
veuille combattre votre devoir; j'aime votre gloire plus que je ne m'aime moi même, & je fais bien que vous n'êtes pas né
pour paffer tous vos jours auprès de moi :
mais je voudrois que cette néceffité vous
donnât autant d'horreur qu'elle m'en donne, que vous n'y puffiez fonger fans trembler, & que tout inévitable qu'une féparation vous doive paroître, vous ne puffiez
croire de la fupporter fans mourir. Ne m'accufez pas toutefois d'aimei à voir votre défefpoir; vous ne verferez jamais une larme
que je ne vouluffe effuyer. Je ferai la premiere à vous prier de fupporter courageufement ce qui m'arrachera la vie par un

excès

excès de douleur, & je ne me confolerois
pas d'avoir été au monde, fi je croyois
que mon abfence vous laifsât fans confolation. Que veux-je donc? Je n'en fais
rien; je veux vous aimer toute ma vie jufques à l'adoration, je veux, s'il fe peut,
que vous m'aimiez de même; mais on ne
peut vouloir tout cela fans vouloir en même temps être la plus folle de toutes les
femmes Que cette folie ne vous dégoûte
pas de moi; je n'en ai jamais été capable
que pour vous, & je ne voudrois pas la
changer pour la plus folide fageffe, s'il
falloit, pour être fage, vous aimer un peu
moins que je ne fais. Votre efprit a mille
charmes · vous m'avez dit que vous en
trouvez autant dans le mien; mais je re-
noncerois à nous en voir à tous deux, s'il
s'oppofoit au progrès de notre folie. C'eft
l'amour qui doit regner fur toutes les fonc-
tions de notre ame, tout ce qui eft en
nous, doit être fait pour lui; & pourvu
qu'il foit fatisfait, il m'eft indifférent que la
raifon fe plaigne. Avez-vous été de ce fentiment depuis que je ne vous ai vu? Je
tremble de peur que vous n'ayez eu toute
la liberté de votre efprit; mais feroit-il poffible qu'il vous en fût refté, en parlant d'une
guerre qui doit vous éloigner de moi? Non,
vous n'êtes pas capable de cette trahifon;

vous n'aurez pas vu un foldat qui ne vous
ait arraché un foupir, & j'aurai le plaifir
d'entendre dire à votre retour, que votre
efprit eft journalier, & que vous n'en avez
point eu pendant votre voyage. Pour moi,
je fuis affurée que perfonne ne vous par-
lera de moi, qui ne m'accufe de ce dé-
faut : je dis des extravagances qui éton-
nent tous ceux qui m'entendent; & fi la
maladie de mon frere n'autorifoit mes
égarements, on croiroit parmi mon domef-
tique, que je fuis devenue infenfée. Il ne
s'en faut guères que je ne la fois auffi :
vous pouvez juger du déréglement de mon
efprit par celui de cette Lettre ; mais voilà
comme vous devez m'en vouloir Les ra-
vages que votre abfence a faits fur mon
vifage, doivent vous paroître plus agréables que la fraîcheur du plus beau teint;
& je me trouverois bien horrible, fi trois
jours de la privation de votre vue ne m'a-
voient point enlaidie. Que deviendrai-je
donc fi je la perds pour fix mois? Hélas!
on ne s'appercevra point du changement
de ma perfonne; car je mourrai en me fé-
parant de vous. Mais il me femble entendre quelque bruit dans les rues, & mon
cœur m'annonce que c'eft le bruit de votre
retour. Ah! mon Dieu, je n'en puis plus.
Si c'eft vous qui arrivez, & que je ne puiffe

vous voir en arrivant, je vais mourir d'inquiétude & d'impatience; & si vous n'arrivez pas après l'espérance que je viens de concevoir, le trouble & la révolution des mouvements de mon ame vont m'ôter le sentiment.

RÉPONSE À LA TROISIEME LETTRE.

C'EST à ce coup que je suis au désespoir d'apprendre que mes Lettres ne vous soient pas rendues. Mon Dieu ! que ferai je, & que deviendrai-je, si ces dernieres nouvelles ne vont pas jusques à vous? D'où vient que je reçois les vôtres, & que vous ne recevez pas les miennes? J'avoue que vous êtes bien éloignée de tout ce que vous aviez prévu; mais, au moins, si une de mes Lettres pouvoit tomber entre vos mains, seriez-vous consolée d'un éloignement si ennuyeux? Ne doutez pas, Madame, que je n'aie fait réponse, avec tous les empressements de mon amour, à toutes les vôtres que j'ai reçues aux lieux où j'ai passé, & croyez que je vous récrirai à l'avenir par des personnes qui me seront plus affidées, pour vous assurer de ma passion. Non, je ne vous oublierai jamais, je vous aime trop ardemment. Ne finissez point votre amour,

non plus que je ne finirai point le mien ;
mais terminez vos langueurs & vos inquiétudes, & assurez-vous qu'à mon retour vous
goûterez toutes les douceurs que vous attendez de moi. Ne vous ennuyez point, je
ne tâche qu'à me débarrasser de toutes mes
affaires les plus pressées, pour vous aller se-
courir. Ah ! que je vous plains de savoir que
vous êtes si inquiete à mon occasion ! & j'ai
un déplaisir extrême que vous n'ayez point
de connoissance que toutes ces douleurs
sont autant de traits qui me blessent mortellement. Mais quelle gêne est-ce pour moi
d'être malheureux à ce point, d'apprendre
que mes nouvelles n'aillent pas jusques à
vous ! Cela me fait mourir de tristesse, je
n'en puis plus : mon mal est dans le dernier
excès. Je connois présentement que c'est
avec raison que vous me soupçonnez d'infidélité ; accusez-moi de tout ce qu'il vous
plaira, j'y consens, & vous pouvez me traiter avec toutes sortes de rigueurs, puisque
je ne puis me justifier. Cependant Dieu
m'est témoin que je ne vous ai jamais trahie, & que je n'ai point eu plus de plaisir
& de satisfaction que lorsque j'ai été seul
avec vous. Ne me reprochez point que vous
n'êtes redevable de mes soins & de mes
empressements qu'à vos importunités ; vous
ne les devez qu'à votre mérite & qu'au vé-

ritable amour que j'ai pour vous. Je ne
vous ai aimée que comme la perfonne la
plus parfaite & la plus accomplie qui fût
au monde, & lorfque je vous ai enflammée,
comme vous dites, je n'ai fait que vous
rendre femblable à moi-même. Si vous m'a-
vez rendu heureux en me faifant goûter
des plaifirs infinis, j'efpere encore un jour
cette même grace de vous, avec une pareille fatisfaction & des tranfports auffi doux
que ceux que vous m'avez témoignés. Prenez patience, ne foyez point agitée de tant
de divers mouvements : fi vous m'aimez
éperdument, je vous aime beaucoup plus
que l'on ne peut exprimer. Il n'y a que vous
feule qui occupe mon cœur, & je n'ofe
vous dire que je fuis tous les jours agité des
mêmes tranfports, de peur de vous jetter
dans le dernier défefpoir. Je fais bien que
vous avez un excès de douleur de me favoir éloigné de vous; mais l'efpérance que
je vous donne de vous aller voir au plutôt, ne doit-elle pas diminuer vos déplaifirs? Souvenez-vous de cette promeffe, &
des ferments d'amour & de fidélité que je
vous ai faits, & vous vivrez avec plus de
fatisfaction & de joie. J'approuve & aime
votre jaloufie ; c'eft une marque affurée de
votre tendreffe, quoique ce foit à tort que
vous foyez jaloufe; car je n'ai jamais aimé

que vous. Je n'oferois vous dire que vous
me caufez un défefpoir mortel de vous favoir réduite à une telle extrêmité, puifque
vous méprifez le zele que j'ai pour vous;
néanmoins je fuis certain que vous changerez de langage, quand vous connoîtrez
mon procédé. Terminez toutes vos afflictions, ne vous repentez point d'avoir aimé
une perfonne qui vous eft toute acquife.
Votre réputation n'eft pas perdue pour m'a-
voir aimé : ni la févérité de vos parents, ni
la rigueur des Loix du Pays contre vous,
ne m'empêcheront pas de vous faire jouir
du bonheur que vous fouhaitez pour toute
votre vie. Je fais le moyen de ne vous paroître pas davantage ingrat pour l'amour
que vous me portez. Si vous avez tout hazardé pour moi, je veux auffi tout abandonner pour vous. Attendez encore un peu de
temps, & vous flattez de l'efpoir que je vous
donne; vous connoîtrez à la fin que le but
de mes promeffes eft tel que vous le fouhaitez. Je fuis perfuadé, quoique vous me
difiez, que le défefpoir où vous êtes réduite pour moi, eft plus dans votre cœur
que dans vos Lettres. Vous ne me voulez
diffimuler votre amour, que parce que vous
croyez que je ne me fuis pas acquitté de
mon devoir en vous écrivant; mais j'efpere
que cette Lettre vous défabufera de la mau-

vaise opinion que vous avez de moi. L'amour & le respect que je vous porte, me disent incessamment que je vous appartiens tout entier, & que le Ciel nous a faits l'un pour l'autre. Je n'ai pour vous que des sentiments les plus tendres qu'on puisse avoir pour une véritable maîtresse. Conservez-vous pour l'amour de moi, afin que nous puissions goûter ensemble les plaisirs les plus doux, quand je serai assez heureux pour vous posséder. Arrêtez ces transports dont vous êtes agitée, ne me parlez pas de cette fin tragique que vous espérez de moi ; cette pensée me tue, & me fait mourir d'horreur & d'effroi. Je ne suis pas capable d'avoir des sentiments si cruels ; la passion que j'ai pour vous est si forte, que je ne puis que vous aimer éperdument. Ne vous affligez donc pas jusqu'à la mort ; mais conservez votre belle vie, qui m'est si chere, afin de conserver la mienne. Ne m'affligez pas davantage, prenez compassion de moi, en ayant pitié de vous. Je vous regrette si tendrement, que si vous périssiez pour moi, je ne vous survivrois pas un moment. La passion violente que vous avez pour moi, me donne du dégoût & de l'aversion pour toutes choses, de crainte que j'ai qu'il ne vous en arrive mal. N'appréhendez pas que je vous quitte jamais pour une autre Maîtresfe ; c'eſt une eſpece de cruauté dont je ne ſuis pas capable. Votre paſſion ne peut ſervir qu'à m'animer davantage à vous aimer, & non pas à me glorifier de l'avantage que vous prétendez que j'ai ſur vous, afin de me rendre plus aimable envers une autre Maîtreſſe. Je ne vous aime point par vanité ; je ne ſuis pas ſi ſuperbe, ni ſi malappris que d'en venir à ce point : c'eſt à faire à des fous d'en uſer de cette ſorte. Votre douceur, vos vertus & vos autres perfections méritent un traitement plus doux & plus reſpectueux. Vous ſavez que j'ai toujours caché notre amour le plus que j'ai pu, de peur de vous déſobliger. Je n'ai pas plus de joie que quand je lis vos Lettres ; je ne trouve rien de ſi charmant · vous les croyez longues, & moi je les trouve ſi courtes, que je vous conjure de les étendre davantage. Ne vous qualifiez pas d'inſenſée : vous êtes trop ſage en amour, & trop prudente en toute autre choſe, pour vous attribuer cette mauvaiſe qualité. Puiſque je ſuis aſſez heureux pour recevoir vos Lettres, écrivez-moi ſouvent, afin que je compatiſſe à vos douleurs, & fuyez ce déſeſpoir que vous dites que je vous cauſe, pour vivre dans la tranquillité. Adieu : ſi votre amour augmente de moment en moment, le mien eſt dans la derniere violence ; adieu, je meurs de déplaisir si vous ne m'apprenez au plutôt les choses que vous avez à me dire. Je prie Dieu de tout mon cœur que cette Lettre vous soit fidélement rendue, pour vous témoigner l'ardeur de ma passion : adieu.

IV. LETTRE.

Quoi! vous serez toujours froid & paresseux, & rien ne pourra troubler votre tranquillité! Que faut il donc faire pour l'ébranler? faut-il se jetter dans les bras d'un rival à votre vue? car hors ce dernier effet d'inconstance que mon amour ne me permettra jamais, je croyois vous avoir dû faire appréhender tous les autres. J'ai reçu la main du Duc d'Almeyda à la promenade, j'ai affecté d'être auprès de lui pendant le souper, je l'ai regardé tendrement toutes les fois que vous avez pu le remarquer, je lui ai même dit des bagatelles à l'oreille, que vous pouviez prendre pour des choses d'importance, & je n'ai pu vous faire changer de visage. Ingrat! avez-vous bien l'inhumanité d'aimer si peu une personne qui vous aime tant? Mes soins, mes faveurs & ma fidélité n'ont-

ils point mérité un moment de votre jaloufie? Suis-je fi peu précieufe pour celui
qui m'eft plus precieux que mon repos &
que ma gloire, qu'il puiffe envifager ma
perte fans frayeur? Hélas! l'ombre de la
vôtre me fait trembler: vous ne jettez pas
un regard fur une autre femme, qui ne me
caufe un friffon mortel; vous n'accordez
pas une action à la civilité la plus indifférente, qui ne me coûte vingt-quatre heures de défefpoir; & vous me voyez parler
tout un foir à un autre à votre vue, fans témoigner la moindre inquiétude! Ah! vous
ne m'avez jamais aimée, & je fais trop
bien comme on aime, pour croire que des
fentiments fi oppofés aux miens, puiffent
s'appeller de l'amour. Que ne voudrois je
point faire pour vous punir de cette froideur! Il y a des moments où je fuis fi
tranfportée de dépit, que je fouhaiterois
d'en aimer un autre. Mais quoi! au milieu
de ce dépit je ne vois rien au monde d'aimable que vous. Hier même, que vos tié-
deurs vous ôroient mille charmes pour mes
yeux, je ne pouvois m'empêcher d'admirer toutes vos actions; vos dédains avoient
je ne fais quoi de grand qui exprimoit le
caractere de votre ame, & c'étoit de vous
que je parlois à l'oreille du Duc, tant je
fuis peu la maîtreffe des occafions de vous

offenfer. Je mourois d'envie de vous voir
faire quelque chofe qui me fournît un prétexte de vous faire une brufquerie publi-
que, mais comment aurois je pu vous la
faire ? Ma colere même eft un excès d'a-
mour ; & dans le moment où je fuis ou-
tree de rage pour votre tranquillité, je fens
bien que j'aurois des raifons de la défendre, fi je ne vous aimois jufqu'au déréglement. En effet mon frere nous obfervoit ;
la moindre affectation que vous euffiez témoignée de me parler, m'auroit perdue.
Mais ne pouviez-vous avoir de la jaloufie
fans la faire remarquer ? Je me connois au
mouvement de vos yeux, & j'aurois bien
vu des chofes dans vos regards, que le
refte de la compagnie n'y auroit pas vues
comme moi Hélas ! je n'y vis jamais rien
de tout ce que j'y cherchois. J'avoue que
j'y trouvai de l'amour ; mais étoit-ce de
l'amour qui devoit y être en ce temps-là ?
Il falloit y trouver du dépit & de la rage ;
il falloit me contredire fur tout ce que je
difois, me trouver laide, cajoler une autre Dame à ma vue ; enfin, il falloit être
jaloux, puifque vous aviez des fujets ap-
parents de l'être. Mais au-lieu de ces effets naturels d'un véritable amour, vous
me donnâtes mille louanges, vous preffâ-
tes la même main que j'avois donnée au

Duc, comme fi elle n'avoit pas dû vous faire horreur; & je vis l'heure que vous alliez me féliciter fur ce que le plus honnête homme de notre Cour s'étoit attaché auprès de moi. Infenfible que vous êtes! eft-ce comme cela qu'on aime, & êtes-vous aimé de moi de cette forte? Ah! fi je vous avois cru fi tiede, avant que de vous aimer comme je fais! Mais quoi! quand j'aurois pu voir tout ce que je vois, & plus encore s'il fe peut, je n'aurois pu réfifter au penchant de vous aimer, ç'a été une violence d'inclination dont je n'ai pas été la maîtreffe; & puis quand je fonge aux moments de plaifir que cette paffion m'a caufés, je ne puis me repentir de l'avoir conçue. Que ne ferois-je point, fi j'étois contente de vous, puifque je fuis fi tranfportée d'amour dans les temps où j'ai le plus de fujet de m'en plaindre? Mais vous en favez les différences; vous m'avez vu fatisfaite, vous m'avez vu mécontente : je vous ai rendu des graces, je vous ai fait des plaintes, & dans la colere, comme dans la reconnoiffance, vous m'avez toujours vu la plus paffionnée de toutes les Amantes. Un fi beau caractere ne vous donnera-t-il point d'émulation? Aimez, mon cher infenfible, aimez autant que vous êtes aimé; il n'y a de plaifir veritable pour l'ame que dans l'amour. L'excès de la joie naît de l'excès de la paſſion, & la tiédeur fait plus de tort aux gens qui en ſont capables, qu'à ceux contre qui elle agit. Ah! ſi vous aviez bien éprouvé ce que c'eſt qu'un véritable tranſport amoureux, combien ne porteriez vous pas d'envie à ceux qui le reſſentent! Je ne voudrois pas, pour votre cœur même, être capable de votre tranquillité. Je ſuis jalouſe de mes tranſports, comme du plus grand bien que j'aie jamais poſſédé, & j'aimerois mieux être condamnée à ne vous voir de ma vie, qu'à vous voir ſans emportement.

RÉPONSE À LA QUATRIEME LETTRE.

J'AI bien de la joie d'apprendre que mon Lieutenant vous ait ſaluée de ma part, & vous ait dit de mes nouvelles. Je vous ſuis infiniment obligé du ſoin & de la tendreſſe que vous avez pour moi; je vous conjure de croire que j'en ai réciproquement pour vous. N'appréhendez pas qu'il me ſoit arrivé de mal pendant mon voyage ſur mer: il a été heureux pour moi; car j'ai très-peu ſouffert. Je vous aurois écrit, auſſi-bien qu'à mon Lieutenant; mais la crainte que j'avois que mes Lettres ne vous fuſſent pas ren-

dues, non plus que les autres, m'a obligé
de différer. J'espere que vous recevrez fidélement celle que je vous envoie, car la perfonne qui doit vous la rendre, eſt mon bon
ami. Si je reçois encore une des vôtres,
qui m'apprenne que vous n'ayez pas reçu
de mes nouvelles, je partirai incontinent
pour vous aller confoler Je n'ai point manqué de vous écrire à toutes les occafions
que j'en ai eues, & de vous faire réponfe.
Il faut que j'avoue que je fuis le plus malheureux de tous les Amants, quoique le
plus fidele, puifque vous ne recevez point
mes Lettres. Je ne faurois faire davantage, finon de vous témoigner toujours la
même tendreffe que j'ai pour vous, comme
j'ai fait dans les autres. Mais à quoi bon
vous écrire tant de fois, puifque mes ré-
ponfes ne vont pas jufques à vous? Il n'importe ; je veux continuer ; je n'ai jamais
plus de fatisfaction, & je refpire aifément
lorfque j'ai la plume à la main pour vous ;
mais je deviens tout languiffant, & je femble mourir auffi-tôt que je la quitte. Lorfque vous m'écrivez, je meurs de deplaifir
& de joie, fans pouvoir mourir. Je meurs
de déplaifir de vous favoir fi affligée, fans
recevoir de mes nouvelles ; je meurs de
joie, lorfque je reçois des vôtres. Je conferve vos Lettres plus que ma propre per-

fonne, comme de précieux gages de votre amour, pour vous en rendre un compte fidele quand je ferai affez heureux pour vous voir. J'avoue que vous avez raifon de me traiter d'ingrat, puifque vous ne recevez aucune réponfe de moi; mais je fuis perfuadé que vous aurez des fentiments contraires, quand je vous aurai défabufée. J'ai toujours confervé la même tendreffe que j'ai eue pour vous, & que je vous ai témoignée dans votre chambre Ma vie, mes biens & mon honneur, tout eft à vous, tout dépend de vous : je vous les facrifie. Je vous aime, croyez que je vous adore de toute mon ame, je vous conjure de n'en pas douter Ne vous plaignez plus à l'avenir de mon peu de foin, ni que mes empreffements aient ceffé envers vous, je les ai de la même maniere qu'auparavant Que je fuis malheureux de ne pouvoir vous dire ma penfée bouche a bouche! Que vous fauriez de témoignages de mon amour! Mais il n'en feroit pas befoin · mes yeux languiffants & ma contenance amoureufe vous feroient lire aifément dans mon cœur la paffion qui m'enflamme. Epargnez-vous toutes ces inquiétudes que vous avez pour moi, & apprenez que mon procédé eft tel que celui que je vous fis paroître les premiers jours de notre vue. Vous n'êtes point abufée; mes foins & mes empreffements pour vous ont toujours été finceres, & le feront toute ma vie. Ne foupçonnez point ma bonne foi, je vous aime tendrement. Je ne faurois vous faire d'excufes de la négligence dont vous m'accufez, je n'en fuis nullement coupable; je vous aime trop ardemment, & vous avez raifon en cette rencontre de me juftifier vous-même. J'avoue que mes affiduités, mes tranfports, mes complaifances, mes ferments, mon inclination violente & mes commencements fi agréables & fi heureux vous ont entiérement charmée & enflammée; mais vous n'êtes point féduite. C'eft en vain que vous répandez tant de larmes, puifque je perfévere, & que je fuis toujours le même. Si vous avez goûté beaucoup de plaifirs en m'aimant, j'efpere que vous en aurez encore autant, & davantage, à l'avenir. Finiffez vos douleurs & les mouvements qui agitent votre ame. Vous me faites pitié; je fens que je meurs de défefpoir, lorfque vous m'affurez que vous fouffrez pour moi. Ne me dites point que vous n'avez pas réfifté avec opiniâtreté à mon amour; je le fais affez: vous ne m'avez jamais donné de chagrin, ni de jaloufie, pour m'enflammer davantage. C'eft une marque affurée de la tendreffe naturelle que vous avez pour moi,

c'eft auffi ce qui m'oblige à vous aimer &
à vous adorer éternellement. J'admire &
j'aime en même-temps cette naiveté fans
artifice, & cette conduite amoureufe fans
déguifement, dont vous avez ufé envers
moi. Ah! que je fuis heureux d'avoir ren-
contré dans une Maîtreffe une douceur fi
grande, une inclination fi tendre & fi naturelle, un amour fi parfait, & une beauté
fi accomplie! Que ne vous dois-je pas pour
tant de belles perfections qui fe rencontrent dans vous, puifque vous me les facri-
fiez tous les jours avec tant de tendreffe &
d'ardeur? Je ferois le plus ingrat & le plus
perfide de tous les Amants, fi je n'en avois
pas une véritable reconnoiffance. Je l'ai
toute entiere; & fi vous en avez été perfuadée pendant le temps que j'ai eu l'honneur de votre converfation, vous le ferez
bien davantage à l'avenir. Que vos témoignages d'amour font doux, quand vous me
dites que je vous parus aimable auparavant
que je vous euffe dit que je vous aimois, & que vous avez été ravie de m'aimer éperdument! Quel zele, quelle complaifance, ou plutôt quel excès d'amour!
Et quel bonheur pour moi de me favoir fi
fortement aimé d'une perfonne fi accomplie! Quels remerciments ne vous dois-je
pas? Et de quelles paroles me puis-je fer-

vir préfentement, pour vous témoigner une
paſſion réciproque à la vôtre? Vous épuiſ-
ſez mon génie par des diſcours ſi tendres;
& mon amour, quoique ingénieux, n'a point
de termes ſi preſſants pour vous exprimer
l'ardeur de mon zele, que ceux dont vous
vous êtes ſervie pour me déclarer votre affection. Je vous dirai ſeulement que mes
tranſports amoureux ſont inconcevables, &
que je vous aime infiniment. Quoique ces
paroles diſent beaucoup, je ſais bien qu'elles diſent peu pour vous, néanmoins vous
pouvez être aſſurée par-là que votre eſprit
n'a point été aveuglé, comme vous croyez,
puiſque je vous aime pareillement de tout
mon cœur. Vos emportements m'ont toujours paru ſi doux & ſi agréables, que j'en
ai été toujours charmé Je crois avoir fait
un digne choix en Portugal, lorſque je vous
ai preférée à toute autre perſonne pour aimer fidelement, & pour toutes autres ſortes de perfections, puiſque ç'a été toujours
mon deſſein, après mon retour, de vivre &
de mourir avec vous. Ne m'accuſez donc
plus de cruauté, & ne me traitez plus de
tyran Je n'exerce nulle rigueur contre vous,
que celle que vous vous imaginez à cauſe
que vous ne recevez point mes Lettres. Il
eſt vrai que vous euſſiez pu réſiſter à mon
amour, & que par une bonté particuliere

vous avez voulu vous attacher à moi. Mais
ne vous plaignez pas de ce que je vous ai
quittée, j'ai eu de puissantes raisons pour
le faire, & cependant, quoiqu'elles soient
très-fortes, je ne l'aurois pas fait, si vous
n'y aviez consenti. Ni le vaisseau qui partoit pour aller en France, ni ma famille,
ni mon honneur, ni le service du Roi que
je révere, ne m'eussent jamais obligé à m'é-
loigner de vous, si vous ne me l'eussiez pas
permis. Ne saviez-vous pas que j'étois tout
à vous? Que ne m'avez-vous donc retenu?
Vous n'aviez qu'à agréer l'offre que je vous
fis de demeurer avec vous; j'y aurois consenti avec toute la joie imaginable. mais ce
qui nous doit consoler vous & moi, c'est
que le temps de mon retour s'approche,
& que vous verrez dissiper la crainte & les
frayeurs que vous avez de ne me jamais revoir. Ne soyez point troublée de cette ap-
préhension; & puisque vous aimez avec tant
de violence, que ce soit sans douleur & sans
déplaisirs. Quittez cette haine & ce dégoût
que vous avez pour toutes choses; ne vous
tourmentez plus; que votre famille, vos
amis & votre Couvent servent à vous consoler, & que tout ce qui vous a obligé de
vous affliger, serve à vous récréer, & non
pas à vous faire souffrir. Assurez-vous que
si vous employez tous les moments de vo-

tre vie pour moi, je fais le même pour
vous; ainſi, que votre cœur ſoit tout rempli d'amour. Quittez la haine que vous
avez pour toutes choſes, vivez dans la
tranquillité & le repos, ne menez plus une
vie languiſſante, cachez votre paſſion juſqu'à mon retour, afin que Madame votre
mere, Meſſieurs vos parents, & les Reli-
gieuſes, ſoient déſabuſés de votre paſſion.
Si tout le monde eſt touché de votre amour,
je vous conjure de croire que j'y prends
plus d'intérêt que qui que ce ſoit Mes Lettres ne ſont pas ſi froides que vous vous
imaginez; c'eſt que votre eſprit eſt préoc-
cupé d'amour. Si elles n'ont pas été ſi longues que vous le ſouhaitiez, c'eſt que j'ai
cru en peu de mots dire beaucoup, puiſque je n'ai jamais plus de plaiſir que lorſque
je vous écris. Vous ne devez pas vous affliger pour aimer ſi parfaitement que vous
faites; divertiſſez votre eſprit, pour donner treve à vos douleurs. Que ce balcon
où vous allez vous promener quelquefois
avec Donna Brites, vous ſoit un ſujet de
joie, puiſque c'eſt là où a commencé à naître cette paſſion qui vous enflamme, & à
laquelle je vous ai toujours témoigné que
je réponds ſi tendrement. Vous ne vous
méprîtes pas, quand vous crûtes que j'eus
dès-lors le deſſein de vous plaire. En effet,

c'étoit toute ma paſſion : je vous ai remarquée par deſſus toutes vos compagnes, je vous ai conſidérée attentivement, & j'ai. été ſi fort épris de votre beauté & de toutes vos autres perfections, que je me ſuis laiſſé facilement aller à la reſolution de vous aimer. Je connus dès-lors, par un geſte amoureux & très-agréable, que vous aviez de l'inclination pour moi, & que vous preniez un ſingulier plaiſir à tout ce que je faiſois, comme ſi mon amour vous avoit ſuggéré dans le cœur que toutes mes actions n'avoient pour but que votre ſeule complaiſance. Mais tous ces doux commencements de notre amour ne vous doivent pas porter au déſeſpoir, & me faire paſſer pour coupable envers vous, puiſque j'ai fait toutes ces choſes pour une bonne fin, & que je vous aime auſſi fidélement que vous m'aimez. Vous devez tout eſpérer de moi : je ne ſuis point ingrat de toutes les tendreſſes que vous me témoignez ; mon corps, mon ame, ma vie, mon honneur & mes biens, tout eſt à vous. Mon procédé eſt meilleur que vous ne croyez ; n'appréhendez point que je vous abandonne : c'eſt une eſpece de lâcheté & d'ingratitude qui m'eſt ſi odieuſe, qu'elle n'aura jamais de priſe ſur moi. Si vous êtes perſuadée que j'ai quelques charmes, ou quelque choſe d'aſſez agréable, je vous en fais un sacrifice ; je ne veux jamais plaire à d'autres qu'à vous. puisque vous trouvez que j'ai quelque mérite, il me suffit. Toutes les plus belles créatures, au prix de vous, ne me font rien ; je n'en veux aimer aucune que vous : pourvu que je sois toujours bien dans votre esprit, je suis au comble de mes vœux. Ne me souhaitez donc point tant l'amour des plus belles Dames de France ; vous connoîtrez à la fin que je ne suis point sujet au changement, & que les plus charmants objets ne me sauroient faire oublier l'amour que j'ai pour vous. Je ne cherche point de prétexte spécieux pour vous paroître coupable, & vous rendre malheureuse : ce n'est point mon dessein de demeurer long-temps en France ; je n'y puis captiver ma liberté, sans vous y posséder. Ni la fatigue d'un long voyage, ni les dangers les plus grands, ni le respect de mes parents, ni mes biens, ni mon honneur, ni quelque bienséance que ce puisse être, ne me peuvent détourner de vous aller rendre mes adorations. Je réponds de tout mon cœur à tous vos amoureux transports ; votre passion ne sauroit être plus violente que la mienne. Plût à Dieu que je pusse être éternellement dans un même lieu, attaché auprès de vous pour vous contempler, vous servir, vous

aimer & vous adorer ! Je ne dis point ceci
pour vous flatter ; je fuis tellement enchanté
par vos charmes & vos faveurs, que je ne
fais que vivre à demi du défefpoir que j'ai
de ne vous pouvoir pas revoir affez tôt.
Bien loin d'être touché de la rigueur & de
la févérité d'une autre Maîtreffe, les plus
doux traitements, les plus charmantes careffes, les faveurs les plus avantageufes,
les promeffes les plus belles de l'objet le
plus agréable, ne me fauroient détourner
un moment de votre amour. Etouffez cette
crainte vaine & inutile ; ne penfez pas que
je vous quitte pour une autre. Qu'avez-
vous dans vous même qui ne foit très-ai-
mable ? & qu'y a-t-il de plus charmant que
votre beauté, de plus doux que votre entretien, de plus agréable que votre compagnie, de plus tendre que votre amour,
de plus attrayant que vos plaifirs, de plus
touchant que vos foupirs, de plus ftable
que vos promeffes, de plus fervent que votre zele ? Après tant d'appas & de perfections, pouvez-vous avoir la moindre penfée que je vous puiffe quitter, pour me rendre malheureux fous l'efclavage d'une autre Maîtreffe ? Non, Madame, ne vous imaginez pas que je fois fi inconftant ; j'ai trop
d'amour & de refpect pour en ufer de la
maniere. Il eft vrai que je vous ai dit en

confidence, il y a déja quelque temps, que j'avois aimé une autre Dame en France : mais son mérite n'est rien en comparaison de ce que vous valez ; ses appas ne sont que l'ombre des vôtres ; son entretien est fade ; sa conversation me rebute, & pour vous dire tout enfin, j'en suis tellement dégoûté, que je ne la vois plus. Pour vous confirmer cette vérité, je vous enverrai une de ses Lettres avec son portrait ; vous pourrez juger par-là de sa beauté, de son esprit & de sa conduite. Je crois que vous n'en serez pas jalouse, quand vous aurez reconnu tout ce que je vous dis ; & lorsque j'aurai l'avantage de vous voir, je vous entretiendrai des discours qu'elle me tient : ce sera un sujet de divertissement pour vous consoler ; & puisque vous prenez tant de part à tout ce qui m'est cher, je vous porterai le portrait de mon frere & de ma belle-sœur. Vous dites qu'il y a des moments où il vous semble que vous auriez assez de soumission pour servir celle que j'aime : cette pensée est fort obligeante, mais puisque vous avez tant de bonté pour moi, je vous conjure d'employer ce bon service pour vous. Vous êtes la seule que je veux adorer & servir toute ma vie. Ne soyez pas persuadée que je vous fais de mauvais traitements, ni que j'aie aucun mépris pour vous,

vous; toutes ces chofes font infiniment éloignées de mon efprit : je fais trop bien connoître votre mérite, le refpect & le zele
que j'ai pour vous. C'eft à tort que vous
êtes jaloufe, & que vous me faites ces reproches. J'approuve avec ardeur les plus
doux fentiments de votre ame, & vous con-
facre entiérement tous les mouvements de
mon cœur Je vous conjure de m'écrire
fouvent : vos Lettres me font fi chercs,
que je les conferve comme la chofe du
monde la plus précieufe; vous ne les fauriez faire affez amples pour moi. Votre paffion m'eft fi agréable, que je n'ai jamais
plus de joie que lorfque je la vois peinte
fur du papier. Cela vous foulage, & moi
auffi; & mon déplaifir eft que je ne fuis pas
préfent, pour donner treve à vos maux. Je
fais qu'il y a un an préfentement, que vous
me donnâtes les dernieres & les plus douces faveurs de votre amour; je me fouvien-
drai toute ma vie de ce bienheureux jour.
Que d'agréables tranfports! que de doux
emportements! que d'ardeur! que de feu!
que d'amour ne me témoignâtes vous pas!
que de douceurs inconcevables ne me fi-
tes-vous pas goûter! Mon ame penfa s'envoler dans le comble de la joie & des plaifirs qu'elle reçut. Vos autres faveurs, & la
fincérité avec laquelle vous en avez ufé de-

Tome I. C

puis, m'ont tellement charmé, que je ne
vous ai quittée qu'avec un regret nompa-
reil, pour entreprendre un long voyage qui
me cause une infinité de déplaisirs. Quand
je pense aux heureux moments que j'ai goû-
tés avec vous, je me souviens de cette aimable pudeur qui alors éclata sur votre
charmant visage : s'il y parut quelque con-
fusion, ce ne fut que pour m'enflammer davantage. Plût à Dieu que cet Officier dont
vous me parlez, ne fût pas sitôt parti! J'aurois eu la satisfaction d'être entretenu plus
long temps des douceurs que vous m'auriez écrites. Adieu : si vous avez eu peine
à finir votre Lettre, j'ai un extrême regret
de clorre la mienne. N'appréhendez pas
que je vous quitte; j'ai trop de tendresse
pour vous. Je vous remercie de tout mon
cœur de l'amour que vous avez pour moi;
je vous conjure de croire que j'en ai réciproquement pour vous. Que les noms de
tendresse que vous voulez me donner, me
seroient agréables, si vous me les aviez ex-
primés par votre Lettre! Mais n'importe;
il me suffit que vous les ayez dans le cœur,
puisque le temps ne vous a pas permis de
me les écrire. Je n'en ai pas moins pour
votre personne, je me donne tout à vous:
mon ame, mes biens, mon honneur, tout
cela dépend de vous; je vous fais un sacri-

fice de tout ce que j'ai de plus cher. Que je vous respecte! que je vous adore! Quels transports d'amour n'ai-je pas pour vous! Que vous m'êtes chere! que la fortune m'est cruelle de m'avoir éloigné de vous! que vous me faites de pitié; que vous me causez de déplaisirs, de compassion pour tous les tendres sentiments que vous avez pour moi, & de chagrins, de ce que je ne puis vous témoigner de plus près le réciproque de l'amour que vous avez pour moi! Quels respects, quelles soumissions, quelles tendresses ne vous montrerois-je pas! Que vous connoîtriez une ame sincere, que vous verriez un cœur ouvert! que de joie, que de plaisirs, que de satisfaction, que de consolation ne recevriez-vous pas aussi-bien que moi! Adieu : écrivez-moi plus amplement à l'avenir; je prends un plaisir infini à la douceur que vous me témoignez par vos Lettres. Adieu, consolez-vous; j'aurai le bonheur de vous voir au plutôt, pour vous assurer de la fidélité de mon amour. Adieu, vous me faites pitié.

V. LETTRE.

EST-CE pour éprouver ma docilité, que vous m'écrivez comme vous faites; ou s'il

est possible que vous pensiez tout ce que
vous me mandez, pour me croire capable
d'en aimer un autre ? Patience : bien que
cette opinion blesse mortellement ma délicatesse, je l'ai souvent eue de vous, moi
qui vous aime plus qu'on n'a jamais aimé.
Mais de croire cette infidélité consommée,
de me dire des injures, & de vouloir me
persuader que je ne vous verrai jamais,
ah ! c'est là ce que je ne saurois supporter.
J'ai été jalouse ; & quand on aime parfaitement, on n'est point sans jalousie : mais
je n'ai jamais été brutale, je n'ai jamais
perdu votre idée de vue ; & dans le plus
fort de mon dépit, je me suis toujours
souvenue que vous étiez celui que je soup-
çonnois. Ah ! que je vois de défauts dans
votre passion, que vous savez mal aimer,
& qu'il est aisé de concevoir que vous
n'avez point d'amour dans le cœur, puisque tout ce que vous laissez échapper sans
étude, est si peu digne du nom d'amour !
Quoi ! ce cœur que j'ai acheté de tout le
mien, ce cœur que tant de transports &
tant de fidélités m'ont fait mériter, & que
vous m'avez assuré que je possédois, est
capable de m'offenser de cette sorte ? Ses
premiers mouvements sont des injures ; &
quand vous le laissez agir sur sa foi, il ne
m'exprime que des outrages. Allez, ingrat

que vous êtes, je veux vous laisser vos
soupçons pour vous punir de les avoir conçus. Il vous devoit être assez doux de me
croire tendre & fidelle, pour faire votre
tourment d'en douter. Il me seroit aisé de
vous guérir, & la liberté de vous offenser
ne m'est que trop interdite pour mon repos : mais je veux vous laisser une erreur
qui me venge, & si vous en croyez mon
ressentiment, toutes vos conjectures sont justes, & je suis la plus infidelle de toutes les
femmes. Je n'ai pourtant point vu l'homme
qui cause votre jalousie ; la Lettre qu'on
prétend être de moi, n'en est pas, & il n'y
a point d'épreuve où je ne pusse me sou-
mettre sans crainte, s'il me plaisoit de vous
donner cette satisfaction. Mais pourquoi
vous la donnerois-je ? Est ce par des invec-
tives qu'on l'obtient ? & n'auriez vous pas
sujet de me croire aussi lâche que vous me
dépeignez, si vous deviez ma justification
à vos menaces ? Vous ne me verrez plus,
dites-vous, vous sortez de Lisbonne, de
peur d'être assez malheureux pour me rencontrer, & vous poignarderiez le meilleur
de vos amis, s'il vous faisoit la trahison de
vous amener chez moi. Cruel ! que vous
a donc fait ma vue pour vous être insup-
portable ? Elle ne vous a jamais annoncé
que des plaisirs ; vous n'avez jamais ren-

contré dans mes yeux que de l'amour, &
de l'empreffement de vous le témoigner :
eft-ce là dequoi vous obliger à quitter Lisbonne pour ne plus me voir ? Ne partez
point, fi vous n'avez que cette raifon qui
vous y oblige ; je vous épargnerai la peine
de m'éviter : auffi-bien c'eft à moi à fuir ;
& non pas à vous. Ma vue ne vous a coûté
que l'indulgence de vous laiffer aimer, &
la vôtre me coûte toute la gloire & tout le
repos de ma vie. J'avoue qu'elle en a fouvent fait la joie auffi. Quand je me repré-
fente l'émotion fecrete que je reffentois,
lorfque je croyois difcerner vos pas dans
une promenade ; la douce langueur qui
s'emparoit de tous mes fens, quand je ren-
controis vos regards ; & le tranfport inex-
primable de mon ame, lorfque nous avions
la liberté d'un moment d'entretien, je ne
fais comme j'ai pu vivre avant que de vous
voir, & comment je vivrai quand je ne
vous verrai plus. Mais vous avez dû fentir
ce que j'ai fenti : vous étiez aimé, & vous
difiez que vous aimiez, cependant vous
êtes le premier à me propofer de ne plus
me voir. Ah ! vous ferez fatisfait, & je ne
vous verrai de ma vie. J'aurois pourtant un
plaifir extrême à vous reprocher votre ingratitude, & il me femble que ma vengeance feroit plus entiere, fi mes yeux &

toutes mes actions vous confirmoient mon
innocence. Elle est si parfaite, & le men-
songe qu'on vous a fait, si aisé à détruire,
que vous ne pourriez me parler un quart-
d'heure sans être persuadé de votre injustice, & sans mourir de regret de l'avoir
commise. Cette pensée m'a déja sollicitée
deux ou trois fois de courir chez vous; je
ne sais même si elle ne m'y conduira point,
malgré moi, avant la fin de la journée,
car mon dépit est assez violent pour m'ôter
la raison : mais je m'étois fait une si douce
habitude de vous étudier, que je crains de
vous déplaire par cet éclat. Je vous ai toujours vu pratiquer une discrétion sans égale;
vous avez eu plus de soin de ma réputation
que moi-même, & vous avez quelquefois
porté vos précautions jusques à me forcer
de m'en plaindre. Que diriez-vous, si je fai-
sois quelque chose qui découvrît notre in-
trigue, & qui me scandalisât parmi les gens
d'honneur? Vous auriez du mépris pour
moi, & je mourrois si je vous en croyois capable; car, quoi qu'il arrive, je veux toujours être estimée de vous. Plaignez-vous,
dites-moi des injures, faites-moi des trahi-
sons, haïssez-moi, puisque vous le pouvez;
mais ne me méprisez jamais. Je puis vivre
sans votre amour, dès l'instant que cet amour
ne fera plus votre félicité; mais je ne puis

C iv

vivre fans votre eſtime, & je crois que c'eſt
par cette raiſon que j'ai tant d'impatience
de vous voir ; car il n'eſt pas poſſible que
ce ſoit par un effet de tendreſſe : je ſerois
bien inſenſée d'aimer un homme qui me
traite comme vous me traitez. Cependant,
à bien prendre votre colere, ce n'eſt qu'un
excès de paſſion qui la cauſe : vous ne ſeriez pas ſi tranſporté, ſi vous étiez moins
amoureux. Ah! que ne puis-je me perſuader cette vérité! que les outrages que
vous m'avez faits, me ſeroient chers! Mais
non, je ne veux point me flatter de cette
erreur agréable : vous êtes coupable ; quand
vous ne le ſeriez pas, je veux le croire,
afin de vous punir de me l'avoir laiſſé penſer. Je n'irai d'aujourd'hui dans aucun lieu
où vous puiſſiez me voir, je paſſerai l'après-
midi chez la Marquiſe de Caſtro, qui eſt
malade, & que vous ne voyez point. Enfin, je veux être en colere, & voici la derniere Lettre que vous verrez jamais de moi.

RÉPONSE *à* LA CINQUIEME LETTRE.

QUEL rigoureux traitement me faites-
vous ? Hélas! qui vous oblige à ne vouloir
plus m'écrire ? Quel déplaiſir vous ai-je
donné ? Quelle aſſurance avez-vous que je

ne vous aime plus? Je fuis enflammé de votre amour plus que jamais; je vous refpecte, je vous adore de tout mon cœur, & fuis prêt d'abandonner tout ce que j'ai de plus cher pour me foumettre à vous. Je vous conjure de me continuer votre amitié, & de conferver les gages de mon amour; ne les donnez, ni ne les montrez à perfonne. Ayez mon portrait devant vos yeux, confidérez-le attentivement, portez ces bracelets pour l'amour de moi; ne me les renvoyez point, & n'employez pas Donna Brites, qui a été la confidente de nos plus doux fecrets, à me caufer de fi fenfibles déplaifirs. Que le défefpoir ne vous emporte point contre moi; modérez votre haine · je fuis innocent de tout ce que vous pouvez m'imputer. Ne brûlez pas ces précieux gages que vous avez de moi; ou fi vous les confumez, que ce foit au feu de votre amour Ne me pourfuivez point avec tant de haine; c'eft une efpece de cruauté & de foibleffe dont votre grand cœur ne fut jamais capable. L'amour eft une vertu qui vous eft fi chere; vous avez trop de genérofité pour être inconftante, & pour me vouloir maltraiter. D'où vient cette rigueur? Ne vous fuis-je pas foumis jufqu'au dernier foupir de ma vie? Pourquoi vous emporter contre moi? que vous

C v

ai je fait? Quelle satisfaction desiiez vous
d'une personne qui ne vous a point offen-
sée? Quoique je sois innocent, je veux
vous paroître coupable, puisque vous le
souhaitez; mais de quel crime m'accusez-
vous? Serez-vous inflexible envers moi,
qui fais gloire de vous sacrifier tout ce
que je suis? Mais, hélas! que dis-je? le
moyen de vous appaiser? Vous êtes tellement irritée contre moi, que je ne sais que
devenir. Que ferai-je? à qui aurai-je re-
cours? qui fera ma paix avec vous, puisque je suis absent? qui vous assurera de
ma constance, puisque vous êtes persuadée
du contraiie? Pour éloigner cette haine de
votre cœur, je vous conjure de penser souvent aux délices de l'amour que nous avons
goûtées ensemble, & aux assurances que
je vous ai données de ne vous abandonner
jamais. Entretenez vous de ces douceurs
de moment en moment avec Donna Brites; consolez-vous toutes deux ensemble;
songez à l'excès de ma passion & de la vôtre; prévoyez toutes ces difficultés & ces
violences dont vous me parlez; opposez-
vous aux efforts que vous faites pour me
quitter, & soyez convaincue que vous aurez
des mouvements incomparablement plus
agréables en m'aimant toujours, qu'en me
quittant pour jamais. Quoi! vous voulez

perdre un Amant ſi conſtant & ſi fidele,
qui vous a été ſi cher, que vous avez aimé
ſi tendrement, qui a été l'objet le plus doux
de votre paſſion, à qui vous en avez ſouvent donné des témoignages ſi preſſants;
un Amant que vous avez embraſſé avec tant
d'ardeur & d'empreſſement, & qui par ſes
careſſes vous a rendu ſi tendrement le re-
ciproque ! L'amour a trop bien uni nos
cœurs; quoi que vous faſſiez, je ne crois
pas que vous puiſſiez vaincre une paſſion
ſi forte & ſi agréable. Eſt ce pour m'é-
prouver que vous m'écrivez de la maniere,
ou ſi c'eſt tout de bon? Votre haine &
votre rigueur ſont ſi mal fondées, qu'elles
ne peuvent durer long-temps. Ne m'accuſez point de mépris & d'indifférence, j'oſe
prendre le ciel à témoin de l'eſtime & de
l'attachement que j'ai toujours eus pour
vous. Si je vous ai fait des proteſtations
d'amitié par mes Lettres, ç'a été avec des
reſpects & des ſoumiſſions véritables ; ſi
vous les aviez toutes reçues, vous ſeriez
perſuadée du contraire de ce que vous m'a-
vez écrit. Je crois que Meſſieurs vos parents & Madame votre Abbeſſe, à qui nos
amours ſont ſuſpectes, ſont d'intelligence
enſemble, & qu'ils vous ont donné de fauſſes Lettres, au-lieu des réponſes que j'ai
faites à toutes les vôtres, que j'ai reçues

avec joie & lues avec plaifir : cela m'oblige
à ne pas vous écrire davantage, de peur
d'accident. Je me prépare à partir dans
quinze jours, pour vous aller trouver en
Portugal. Après cette promeffe que je vous
fais de vous revoir au plutôt, je vous conjure de rentrer en vous-même, & de faire
agir votre paffion au préjudice de votre
haine. Si vous vous êtes éclaircie, ce doit
être de l'eftime, du refpect & de l'amour
que j'ai pour vous, & non de rien qui y
foit contraire. Je n'ai jamais eu de plus
forte paffion que celle de vous aimer, vous
fervir & vous adorer. Si j'avois été affez ingrat pour vouloir vous quitter, après toutes vos faveurs, je vous en aurois donné
des preuves avant mon départ, foit par
des paroles, ou par mon refroidiffement ;
ou j'aurois fait agir Donna Brites, ou quelque autre confidente, pour vous obliger à
ne point me récrire ; ou j'aurois tâché de
vous détromper, en ne vous faifant point
de réponfe ; ou fous quelque prétexte fpé-
cieux, j'aurois feint d'être obligé de demeurer en France pour ne point vous revoir. Ai je ufé de toutes ces fineffes ? vous
ai je trompée par mes difcours ? avez-vous
reconnu quelque froideur en moi ? ai je
fait agir quelqu'un pour vous détourner de
mon amour ? Ne m'avez-vous pas écrit ?

n'ai je pas reçu vos Lettres? ne vous ai je
pas fait réponfe? Ai je cherché l'occafion
de demeurer en France fans vous? ai-je dit
que je ne voulois point retourner en Portugal? vous ai je donné quelque fujet de
déplaifir? Ne vous ai-je pas découvert les
véritables fentiments de mon ame? ai-je
manqué de civilité, d'amour & de refpect
pour vous? De quoi vous plaignez-vous
donc? de quoi m'accufez-vous? & que
vous ai je fait enfin, pour m'être fi cruelle?
Défabufez-vous, Madame, & ne croyez
pas que je fois affez lâche pour vous quitter.
Ne m'attribuez point toutes ces mauvai-
fes qualités que vous dites, & jugez moi
digne de tous les fentiments & de toutes
les douceurs que vous avez pour moi. Ne
croyez pas que je vous donne occafion de
m'oublier; cette grace que vous me demandez, ne fert en même-temps qu'à m'affliger & à m'enflammer davantage. Il eft
vrai que j'ai eu bien du trouble en lifant votre Lettre; mais c'eft à caufe de vos reproches, de vos menaces, de vos mépris, du
mauvais traitement que vous me faites, &
du défefpoir où vous me jettez. Sans ces
déplaifirs, ah! que de joie, que de contentement, que de raviffement n'aurois-je
pas reçu, en apprenant de vos nouvelles!
N'importe; quelle que foit la rigueur dont

vous ufiez envers moi, je veux me confoler
dans l'efpérance de fléchir votre colere.
Je fouffre vos mépris & vos emportements;
mais la raifon ramenera un jour le calme
dans votre ame, & vous fera connoître,
quand je ferai auprès de vous, que vous
avez affligé un innocent. Pourquoi m'écri-
vez-vous que je ne me mêle point de votre conduite? Qui peut avec plus de juftice
que moi en prendre le foin? Doutez-vous
de ma difcrétion? Ne favez-vous pas jufqu'à
quel point j'ai pris part à tout ce qui vous
touche, fans vous gêner? Je fais bien que
vous êtes très-fage, que vous marchez droit
dans vos entreprifes, & que vos actions
font fans reproche. Si je me fuis informé
de ce que vous faites, ce n'a été que pour
admirer votre fageffe en vos confeils, votre prudence en votre conduite, & votre
adreffe en tout ce que vous entreprenez,
dont vous venez à bout avec une facilité fi
merveilleufe, que c'eft une chofe auffi fur-
prenante qu'admirable. Cependant, puifque cela vous choque, je fuis prêt à m'en
défintéreffer. Que puis-je faire davantage
pour me remettre bien auprès de vous, &
pour vous obliger à favorifer ma paffion,
& continuer votre tendreffe? Commandez,
je fuis prêt de vous fatisfaire, plus pour al-
légei les maux que vous endurez, que pour

terminer mes douleurs. Je fouffre agréablement tout ce qui vient de vous. Vos rigueurs les plus féveres n'ont que des appas pour moi ; je vous fuis obligé même
du mauvais traitement que vous me faites ;
cela ne fert qu'à allumer ma flamme & la
rendre plus vive. Je fuis content d'endurer
de la maniere, pourvu que ma fouffrance
apporte quelque foulagement à vos douleurs, & vous rende plus contente. Plût à
Dieu que vous puffiez vivre heureufe &
tranquille dans la certitude de mon amour !
Après m'avoir fait paroître une fi grande
averfion, vous me promettez de ne me point
hair : cela eft très-obligeant ; mais je prendrai la liberté de vous dire que vous feriez
plus de juftice à mon amour, fi vous m'aimiez comme vous m'avez aimé, puifque je
n'ai rien fait qui puiffe vous déplaire. Je
fuis certain que vous pouvez trouver un
amant qui aura plus de mérite que moi ;
mais je fuis affuré que vous n'en trouverez
jamais un qui foit plus fidele & plus conftant que je le fuis. Votre paffion peut tout
fur mon efprit : elle m'a enflammé, elle
vous a occupée, elle m'a auffi occupé, &
elle ne m'a pas laiffé un moment en liberté.
Vous en êtes témoin, puifque vous avouez
que l'on ne fauroit oublier ce qui caufe tous
les tranfports dont on eft capable, que les

mouvements d'un cœur s'attachent à l'objet qu'il a aimé, que les premieres idées ne se peuvent effacer, que les premieres blessures sont incurables, que toutes les passions & les plus doux plaisirs que l'on cherche sans aucune envie, sont inutiles pour détourner de ce que l'on aime le plus, & ne servent qu'à faire connoître que rien n'est plus cher que le souvenir des douleurs que l'on souffre. Que ces paroles sont douces dans la bouche d'une véritable Amante ! qu'elles ont d'appas & de charmes pour un Amant qui est dans le désespoir ! Ah ! qu'elles me consolent, & qu'elles me font bien connoître que je suis encore dans votre cœur, puisqu'il est sujet à des sentiments si doux ! Mais combien dois-je espérer d'être encore mieux auprès de vous, quand vous connoîtrez que mon attachement est très-parfait, que mon amour est réciproque, que votre inclination n'a point été aveugle, & que vous vous êtes attachée à une personne qui fait gloire de vous aimer toute sa vie ? Je sais bien, Madame, que vous avez tant de douceur & de compassion, que vous ne voudriez pas mettre, ni moi, ni personne, en l'état déplorable où vous êtes réduite ; c'est une marque assurée de votre bon naturel. Je vous conjure de croire aussi que c'est mon inclination, &

que fi vous fouffrez, je n'y ai rien contri-
bué en nulle maniere. Ne cherchez point
à m'excufer de ce côté-là; je ne fuis point
criminel de ce dont vous m'accufez. Je fuis
perfuadé qu'une Religieufe, parfaite comme vous êtes, eft infiniment aimable. Les
raifons que vous apportez pour montrer
qu'on les doit aimer plus particuliérement
que les femmes du monde, font très-puif-
fantes; mais fans avoir égard à toutes ces
belles preuves que vous mettez en avant,
je vous dirai, en peu de mots, que je ne
vous ai confidérée que pour votre propre mérite. Le procédé des femmes du
monde me déplaît : la plupart font fujet-
tes au changement; elles ne fauroient aimer en un feul lieu ; ou, fi elles aiment,
ce n'eft que par feinte, par complaifance
& par intérêt. La rigueur dont elles ufent,
le mépris, la peine, la coquetterie, les
diffimulations caufent aux amants cent fois
plus de déplaifir que de joie. Je fais bien
que vous n'alléguez pas ces raifons pour
vous faire aimer : vous avez des qualités
trop eftimables, pour ne pas attirer les
cœurs les plus fiers, vos charmes font fi
puiffants, que l'on n'y peut réfifter. La
beauté, la conftance, la fidélité & la douceur vous font admirer, fervir & adorer de
tous ceux qui ont l'avantage de vous con-

noître. Les autres beautés font peu de chofe
au prix de vous, & j'ofe dire que c'eft un
crime de renfermer une perfonne fi accomplie que vous dans un Couvent. Si vous
êtes malheureufe, ce n'eft qu'en qualité de
captive, dont vous pouvez vous delivrer
quand il vous plaira. Vous avez appréhendé
fans raifon, que je vous fuffe infidele, en ne
vous voyant pas tous les jours. Ne favez-
vous pas qu'il n'étoit point en mon pouvoir, ni au vôtre, de nous entrevoir fi fouvent, puifque vous étiez enfermée, & à
caufe du danger où je m'expofois en entrant dans votre Monaftere? Si je vous ai
quittée pour aller à l'armée, ce n'a été qu'a-
près votre confentement; & votre feul mérite étoit capable de me retenir. Si vous
m'aviez commandé de demeurer, j'aurois
quitté très-volontiers le fervice de mon
Prince pour m'attacher entiérement au vôtre, fans craindre la colere de vos Parents
& la rigueur des Loix du Pays. Je n'ai pas
manqué à vous donner des témoignages de
ma paffion, dès que j'ai été en Portugal;
s'ils ne font pas venus jufques à vous, je
n'en fuis pas coupable : mais j'aurois bien
du déplaifir que vous fuffiez fortie du Couvent pour me venir trouver en France, non
pas que je n'euffe une joie infinie de vous
embraffer en ce beau Pays, mais à caufe du

péril où vous vous fuſſiez expoſée, & de la fatigue que vous euſſiez endurée en chemin. Je ſais bien le moyen de faire réuſſir cette entrepriſe, lorſque je ſerai aſſez heureux pour vous voir, ſi vous êtes encore dans ce deſſein. J'oſe bien vous parler de la ſorte dans mes Lettres, puiſque Madame votre Abbeſſe & Meſſieurs vos Parents ne ſont pas inſtruits de notre procédé Cependant le refroidiſſement de votre amour, votre mépris, & votre changement ſi prompt me cauſent un ſi grand déplaiſir, que j'en ſuis au déſeſpoir. Mais il n'importe, je me conſole ; car je ſuis ſi perſuadé de votre douceur & de votre amour, que je m'aſſure que ſitôt que vous aurez reçu ma Lettre, & que vous m'aurez vu un moment, vous changerez de réſolution. Je n'ignore pas, Madame, que je vous ai plus d'obligation qu'à perſonne du monde ; vous m'avez aimé éperdument, vous m'avez donné votre cœur, vous m'avez ſacrifié votre honneur & votre vie, au mépris de vos Parents, de votre Religion, & de la ſévérité des Loix du Pays. Que de reconnoiſſance ne vous dois-je pas pour un amour ſi violent ! Croyez-vous que je puiſſe vous oublier, & que je vous quitte, après des marques ſi grandes de votre amour ? Vous auriez raiſon, Madame, de vous plaindre de

moi, fi j'étois affez ingrat d'en venir à ce
point de ne vous avoir pas récrit, ni témoigné réciproquement que je vous aime
avec la même ardeur dont vous ufez envers moi. Mon procédé ne feroit pas d'un
honnête homme ; je ferois un traître, un
méchant, & l'Amant le plus ingrat du monde. Au contraire, Dieu m'eft témoin que
j'ai toujours perféveré à vous adorer & à
vous aimer plus que moi-même ; je n'ai jamais manqué de refpect, ni d'amour pour
vous ; je vous ai récrit avec toute l'ardeur
& la civilité poffible ; je vous ai donné des
pieuves de la paffion la plus parfaite &
la plus violente qu'un homme puiffe avoir
pour la perfonne la plus aimable & la plus
accomplie. Je perfévere toujours dans ces
fentiments Que puis-je faire davantage ?
que defirez-vous de moi ? Je vous ai fait
un facrifice de tout ce que je fuis & de tout
ce qui m'appartient : je fuis prêt d'abandonner tout pour vous, & de faire un long
voyage, de paffer les mers, & d'expofer
ma vie à la merci des eaux, pour vous aller chercher jufques dans votre Monaftere.
Il ne reftera plus, après tant de marques
de ma paffion, fi je fuis affez heureux pour
furmonter tous ces hazards, que de m'aller immoler tout de nouveau à votre colere ; c'eft ce que je ferai, lorfque j'aurai

le bien & l'avantage de vous voir. Je veux
m'expofer, quoique innocent de tout ce
dont vous m'accufez, comme une victime
à l'ardeur de votre courroux, fans réfifter
à la moindre de vos volontés. Toutes ces
preuves de la paffion que j'ai pour vous,
font bien éloignées, ce me femble, de l'a-
verfion naturelle que vous croyez que j'ai,
puifque je vous chéris infiniment, & que
je vous fuis entiérement foumis Je fais bien
que je n'ai aucunes qualités recommanda-
bles qui méritent votre amour, que celle
d'un véritable Amant, quoique vous n'en
foyez plus perfuadée. Vous me demandez
ce que j'ai fait pour vous plaire ; quel facrifice je vous ai fait ; fi je n'ai pas cherche tous mes plaifirs? Et moi, je vous demande fi je ne vous ai pas obéi en tout ce
qu'il vous a plu ; fi je ne vous ai pas facrifié
tout ce que je fuis & tout ce qui m'appartient, & fi j'ai cherché d'autres plaifirs que
ceux que vous m'accordiez? Si j'ai joué,
ou été à la chaffe, n'avez-vous pas approuvé
ces récréations ? Si j'ai été à l'armée, n'y
avez-vous pas confenti? Si j'en fuis revenu
des derniers, j'ai été retenu par violence ;
& fi je me fuis expofé aux coups, ç'a été
avec le plus de prudence & de fageffe qu'il
m'a été poffible ; mais toujours avec honneur, pour être plus digne de vous. En-

fin, lorſque j'en ai été de retour, ſi je ne
me ſuis pas établi en Portugal, c'eſt que je
n'ai pas trouvé d'occaſion aſſez favorable
pour notre amour. Il eſt vrai qu'une Lettre de mon frere m'a fait partir; mais c'é-
toit pour une occaſion ſi preſſante, qu'elle
ne ſouffroit point de retardement. Vous en
êtes tombée d'accord; & ſi vous m'aviez
commandé de différer mon voyage, & même de demeurer, je vous aurois obéi. J'ai
penſé mourir d'ennui & de douleur en chemin; & ſi je me ſuis un peu réjoui, ce n'a
été que pour me conſerver pour vous. Après
cela, que faut-il faire? quelle raiſon avez-
vous de me hair mortellement comme vous
dites, ſinon celle que vous vous êtes ima-
ginée? Quels malheurs vous êtes-vous attirés, ſinon ceux que vous avez bien voulu?
Si vous m'avez donné une grande paſſion
avec bonne foi, je n'en ai point abuſé; au
contraire, j'ai ſu la ménager, & vous rendre le réciproque avec fidélité. Si vous n'a-
vez point uſé d'artifice envers moi, n'ai-je
pas été ſincere envers vous? Il faut, dites-vous, chercher avec adreſſe les moyens
d'enflammer. Ai-je réſiſté à votre paſſion?
Et pourquoi ne voulez vous pas que l'a-
mour me donne de l'amour, puiſque le véritable ſecret d'être aimé, eſt d'aimer? Vous
dites que j'ai voulu que vous m'aimaſſiez,

je l'avoue ; mais quand je n'aurois pas formé
ce deſſein, vous m'auriez aimé, puiſque vous
m'avez confeſſé que vous m'aimiez auparavant
que je vous euſſe donné des preuves
de mon amour. Que ſi, ſans votre conſentement,
je me fuſſe efforcé de vous aimer,
n'aurois-je pas eu raiſon, puiſque je ne connoiſſois
rien en vous que d'aimable ? Il eſt
vrai que je vous ai cru d'une complexion
aſſez amoureuſe ; mais je ne vous ai pas aimée
avec moins de paſſion : au contraire,
c'eſt ce qui l'a augmentée au plus haut
point, c'eſt en quoi je n'ai point uſé de perfidie.
Je ne vous ai point trompée, je ne
crains point vos menaces ; je fuis perfuadé
que quand vous aurez examiné mes raiſons,
vous êtes trop juſte pour livrer à la vengeance
de Meſſieurs vos Parents, un Amant
qui eſt innocent. Si vous croyez avoir vécu
dans l'abandonnement & dans l'idolâtrie en
m'aimant, n'ai-je pas fait la même choſe
envers vous ? Notre différend n'eſt qu'en
trois points : ſavoir, que vous avez changé,
& que je fuis conſtant ; que vous avez un
remords de m'avoir aimé, que je n'en ai
point de vous avoir aimée ; que vous avez
honte de votre amour, que vous faites paſſer
pour un crime ; & que moi je n'en ai
point, parce que je ſuis certain que c'eſt
une vertu que d'aimer. Votre paſſion ne vous

a pas empêché d'en connoître l'énormité,
puisqu'il n'y en a point. De quoi donc votre cœur est-il déchné? quel est ce cruel
embarras qui vous gêne? Je ne suis point
cause de tous vos déplaisirs; je vous ai toujours aimée, & fidélement servie. Ainsi vous
avez raison de ne me souhaiter point de
mal, & de vous résoudre à consentir que
je vive heureux. Je puis l'être facilement,
si vous voulez, puisque je n'ai jamais manqué de générosité pour vous. J'espere que
vous n'aurez point la peine de m'écrire une
autre Lettre, pour me faire voir que vous
serez plus tranquille : mais je serai arrivé
auparavant en Portugal, où ma présence
vous apportera la tranquillité que vous de-
sirez, & vous désabusera des procédés injustes dont vous me croyez coupable, &
pour lesquels vous voulez me faire des reproches. Ce sera alors qu'au-lieu de me
mépriser, vous me donnerez des louanges;
qu'au-lieu de m'accuser de trahison, vous
reconnoîtrez ma fidélité; & qu'au-lieu d'oublier vos plaisirs, vous y penserez tous les
jours, & que je serai dans votre souvenir
mieux que je n'y aie jamais été Si vous
croyez que j'aie quelques avantages sur vous
pour avoir su vous enflammer, je n'en tire
point de vanité. Je sais que je ne dois ce
bonheur, ni à votre jeunesse, ni à votre crédulité,

dulité, ni aux louanges que je vous ai données, ni à toutes les raiſons que vous apportez; mais à votre ſeule bonté. Quoique
tout le monde vous dît du bien de moi &
vous parlât en ma faveur, je n'ai jamais
eu la témérité de l'attribuer à mon mérite;
tout ce que j'ai fait n'a pas été pour vous
tromper par enchantement, mais pour vous
donner un véritable amour, puiſque j'ai
toujours la même paſſion pour vous. Je vous
conjure de conſerver toutes mes Lettres,
& de les lire ſouvent pour affermir votre
amour, & non pour vous en détourner : ce
m'eſt un bonheur & un plaiſir incompara-
ble d'être toujours aimé d'une perſonne ſi
parfaite & ſi accomplie que vous êtes. Je
vous prie de croire que je vous aimerai pareillement, & adorerai toute ma vie. Oubliez ces reproches que vous avez envie de
me faire, & ne me traitez point d'infidele;
vous apprendrez le contraire, lorſque vous
me verrez en Portugal, plutôt en vous ſou-
venant de moi qu'en m'oubliant. Vous ne
prendriez point d'autre réſolution que de
perſévérer toujours dans vos mêmes tranſports, quand je vous aurai déſabuſée de
la fauſſe croyance que vous avez de moi.
Adieu; je vous conjure encore un coup de
ne me quitter jamais, & de penſer inceſſamment à la violente paſſion que j'ai pour

vous. Ne m'écrivez plus aussi ; peut-être
que vos Lettres ne me seroient pas rendues
pendant mon voyage : adieu ; je vous rendrai un compte exact de tous mes divers
mouvements, & vous m'en rendrez un des
vôtres tel qu'il vous plaira, quand j'aurai
le bien & l'avantage de vous voir. Adieu.

VI. *LETTRE.*

Est ce bien moi-même qui vous écris ?
Etes-vous celui que vous étiez autrefois ?
Par quel prodige m'avez-vous marqué de
l'amour, sans me donner de la joie ? Je
vous ai vu de l'empressement & des dépits impatients ; j'ai lu dans vos yeux ces
mêmes desirs, où vous m'avez toujours
trouvé si sensible. Ils étoient aussi ardents
que quand ils faisoient toute ma félicité :
je suis aussi tendre & aussi fidelle que je
le fus jamais, & cependant je me trouve
tiede & nonchalante. Il semble que vous
n'ayez fait qu'une illusion à mes sens, qui
n'a pu passer jusqu'à mon cœur. Ah ! que
les reproches que vous vous êtes attirés
me coûtent cher, & qu'un jour de votre
négligence me dérobe de transports ! Je ne
sais quel démon secret m'inspire sans cesse

que c'eſt à ma colere que je dois vos tendreſſes, & qu'il y a plus de politique que
de ſincérité dans les ſentiments que vous
m'avez fait paroître. Sans mentir, la délicateſſe eſt un don de l'Amour qui n'eſt pas
toujours auſſi précieux qu'on ſe le perſuade.
J'avoue qu'elle aſſaiſonne les plaiſirs; mais
elle aigrit terriblement les douleurs. Je
m'imagine toujours vous voir dans cette
diſtraction qui m'a cauſé tant de ſoupirs. Ne
vous y trompez pas, mon cher, vos empreſſements font toute ma félicité, mais ils
feroient toute ma rage, ſi je croyois les
devoir à quelque autre choſe qu'au mouvement naturel de votre cœur. Je crains
l'étude des actions, beaucoup plus que la
froideur du tempérament; & l'extérieur eſt
pour les ames groſſieres un piege, où les
ames délicates ne peuvent être ſurpriſes.
Vous dirai-je toutes mes manies là deſſus?
Ce fut hier l'excès de votre emportement,
qui fit naître tous mes ſoupçons; vous me
ſembliez hors de vous, & je vous cherchois au travers de tout ce que vous paroiſſiez. O Dieu! que ſerois-je devenue,
ſi j'avois pu vous convaincre de diſſimula-
tion! Je préfere votre paſſion à ma fortune, à ma gloire & à ma vie; mais je ſup-
porterois plus aiſément les aſſurances de
votre haine, que les fauſſes apparences de

votre amour. Ce n'eft point au dehors que je m'arrête ; c'eft aux fentiments de l'ame. Soyez froid, foyez négligent, foyez même léger, fi vous le pouvez; mais ne foyez jamais diffimulé. La trahifon eft le plus grand crime qu'on puiffe commettre en amour, & je vous pardonnerois plus volontiers une infidélité, que le foin que vous prendriez à me la déguifer. Vous me dites hier au foir de grandes chofes, & j'aurois fouhaité que vous euffiez pu vous voir vousmême dans ce moment, comme je vous voyois; vous vous feriez trouvé tout autre qu'à votre ordinaire. Votre air étoit encore plus grand qu'il ne l'eft naturellement ; votre paffion brilloit dans vos yeux, & elle les rendoit plus tendres & plus perçants ; je voyois que votre cœur venoit fur vos levres. Hélas ! que je fuis heureufe ! il n'y venoit point à faux, car enfin je ne vous fens que trop, & il n'eft guères en mon pouvoir de vous fentir moins. Le plaifir d'aimer de toute mon ame eft un bien que je tiens de vous; mais il ne vous eft plus poffible de me le ravir. Je connois bien que je vous aimerai toujours malgré moi, & je fuis fûre que je vous aimerai même malgré vous. Voilà des affurances dangereufes; mais quoi ! vous n'avez pas un cœur qu'il faille retenir par la crainte, & je ne

croirois votre conquête guères affurée, fi
je ne la confervois que par-là. L'honnêteté
& la reconnoiffance font comptées pour
quelque chofe dans l'amitié; mais elles ne
tiennent pas lieu de beaucoup dans l'a-
mour : il faut fuivre fon cœur, fans conful-
ter fa raifon. La vue de ce qu'on aime en-
leve l'ame malgré qu'on en ait; au moins,
fais-je bien que voilà comme je fuis pour
vous. Ce n'eft ni l'habitude de vous voir,
ni la crainte de vous fâcher en ne vous
voyant pas, qui m'oblige à rechercher votre vue; c'eft une avidité curieufe qui part
du cœur fans art & fans réflexion. Je vous
cherche fouvent en des lieux où je fuis affurée que je ne vous trouverai pas. Si vous
êtes comme cela pour moi, fans doute que
l'inftinct de nos cœurs fera qu'ils fe ren-
contreront par-tout. Je fuis forcée de paffer la meilleure partie du jour dans un lieu
où vous ne pouvez vous trouver : mais
abandonnons-nous à notre paffion ; laif-
fons-nous guider à nos defirs, & vous verrez que nous ne laifferons pas de paffer
agréablement le temps que nous ne pouvons être enfemble.

RÉPONSE à la sixieme Lettre.

ADIEU, Mariane, adieu; je te quitte, & je te quitte avec ce déplaisir de ne te pouvoir pas persuader le désespoir où me jette la nécessité inévitable de mon départ. Mais je t'en convaincrai, Mariane, & la vie que je quitterai bientôt après t'avoir quittée, ne te permettra plus de douter de l'excès de mes douleurs. Sais tu bien, ma chere Ame, ce que veulent dire ces deux mots *je te quitte;* & crois-tu que je puisse dire que *je meurs*, en termes plus clairs & plus intelligibles? Oui, je meurs, puisque je t'abandonne; je m'éloigne de la vie en m'éloignant de toi, & je vais au tombeau en retournant à ma patrie. Je pars pourtant, me diras-tu, & je te laisse. Ah! cruel, que ces paroles sont fortes, qu'elles sont puissantes, qu'elles sont éloquentes, & que ton amour, qui y paroît, fait un étrange effet sur mon cœur, & ébranle étrangement mes résolutions! Quoi! faut-il que les témoignages de la passion que tu as pour moi, sans que j'en puisse raisonnablement douter, fassent aujourd'hui un effet si contraire à celui qu'ils avoient accoutumé de faire? Ma joie & mon repos en dépendoient, c'étoient les fources de mon bonheur & de ma félicité; ils faifoient tous mes plaifirs, ils étouffoient mes fanglots, féchoient mes larmes, calmoient mes inquiétudes, diffipoient mes craintes; & maintenant ils ne font que caufer de nouveaux troubles dans mon ame, & qu'y faire naître des appréhenfions. Je vois bien la raifon de ce changement, je profitois de tout le bien que me promettoient les premieres marques de votre amour; j'en goûtois à longs traits toutes les douceurs, & j'avois la fatisfaction d'y répondre par mille paroles & par mille actions, capables de perfuader cent perfonnes plus incrédules que vous, de la grandeur & de la violence de ma flamme. aulieu que maintenant je vois les biens qu'elles m'offrent, fans pouvoir les accepter, & je ne puis répondre à ces marques d'affection, que par un voyage qui m'éloigne de vous de cinq cents lieues. Jugez par là de mon infortune, & de la cruauté de mon deftin, & confidérez à qui de nous deux mon départ doit être le plus funefte. Pourquoi fuis je venu en Portugal? pourquoi venir fi loin pour me rendre malheureux tout le refte de mes jours? pourquoi vous avoir aimée? Devois-je mettre tout mon plaifir à vous voir, fi je devois un jour ne vous voir pas? & ma vie devoit-elle dépendre de vous, puisque je devois un jour vous quitter? Que n'ai-je eu pour quelque Dame de France ces sentiments tendres & passionnés que vous m'avez inspirés! La cruauté d'une absence n'auroit pas entiérement renversé mes plaisirs, & l'espoir d'un prompt retour, qu'on peut toujours avoir avec raison d'une personne qui quitte son Pays, nous auroit laissé dans nos chagrins mêmes une merveilleuse satisfaction. Mais que dis-je, téméraire! en aurois-je pu avoir une véritable sans vous? Quelque autre eût-elle été capable de me causer des transports si doux, de me faire passer des moments si tendres que ceux que j'ai passés dans votre chambre? Non, cela n'est pas possible; il falloit vos yeux pour me donner autant d'amour que j'en pris à votre vue; il falloit votre cœur pour être le digne objet de mes soins & de mes adorations, il vous falloit toute entiere pour me causer ces plaisirs extraordinaires, dont il est bien aisé de se ressouvenir, & qu'il est impossible d'exprimer; il falloit tout mon amour & tout le vôtre pour causer ces transports & ces extases amoureuses Ah! que cette pensée est douce, que cette idée est touchante, que cette réflexion est agréable! Puis-je la faire, & former le dessein

de partir? puis-je fonger à la rompre par
un voyage? Votre amour, vos careffes, capables d'arrêter auprès de vous les premiers hommes du monde, d'attendrir les
plus infenfibles, de fléchir les plus cruels
& les plus barbares, me laifferont-elles la
liberté de m'éloigner? Mon amour tout
feul confentira-t il à cette abfence? Je vois
bien que c'eft moi qui voudrois partir, &
que c'eft moi qui ne le veux pas, ou, pour
parler plus jufte, qui ne le puis pas Je ne
le veux, ni ne le puis; mais il le faut. Dure
néceffité, étrange contrainte, qui me force
à vous quitter lorfque je vous aime avec le
plus d'empreffement! Je vous aime, chere
vie de mon ame, & j'ofe bien dire que je
vous aimois moins dans certaines conjonc-
tures auxquelles vous croyiez que je vous
aimois le plus. Je meurs d'amour pour vous,
& c'eft aujourd'hui que je commence à fentir certains mouvements intérieurs qui m'a-
voient été jufqu'à préfent inconnus. Que
ces fentiments impetueux viennent mal-à-
propos! Ils ne peuvent que me tourmenter
aujourd'hui, dans un autre temps ils auroient pu me rendre le plus heureux des
hommes. Vous m'avez parlé fouvent de la
grandeur de votre amour, vous avez plus
fait, vous m'en avez donné des preuves,
en me difant pourtant que ces preuves,

D v

quelque grandes qu'elles fuſſent, n'expri-
moient pas aſſez vos ſentiments. J'avois
beaucoup de peine à vous croire en ce
temps-là ; mais que je vois bien aujourd'hui
combien ces paroles pouvoient être vraies,
puiſque dans ce moment que je vous écris,
je me ſens tout à-fait incapable de vous
exprimer la moindre partie des mouvements
qui m'agitent, qui me tourmentent ſans
ceſſe, & qui me rendent miſérable ! La perte
de ma vie, ni celle de ma raiſon, ne ſuffi-
roit pas, ce me ſemble, à vous repréſenter
l'inquiétude funeſte de mon ame, ni le pitoyable état de mon cœur. Que ne le voyez-
vous ! Ce ſeroit bien alors que vous ceſſe-
riez de m'accuſer, que vous n'appelleriez
plus léger le ſujet qui m'oblige à retourner
en France, & que vous déploreriez avec
moi le malheureux état de ma condition,
de ma fortune & de mon amour. En effet,
je ſuis contraint de vous quitter lorſque je
vous aime le plus, lorſque vous me témoignez plus d'amour que jamais, lorſque vous
me ſoupçonnez de vous aimer le moins ;
ainſi je cours le hazard de vous perdre &
de vous quitter en même temps. Hélas !
quelle affliction ſeroit la mienne, ſi je vous
perdois, lorſque je ſouffre le plus pour l'a-
mour de vous ! Vous étiez tout à moi quand
mes plaiſirs, auſſi-bien que mon inclination,

me rendoient tout à vous ; vous m'aimiez
toujours, quand je ne bougeois de votre
Couvent, vous faifiez tout pour moi, quand
je ne faifois, ni ne fouffrois rien pour vous.
Aujourd'hui, que je commence à endurer
pour vous, ne m'aimerez-vous plus ? Confidérez qu'il eft bien aifé d'aimer une perfonne auprès de laquelle on goûte mille
contentements, & qu'on eft bien plus obligé
d'aimer ceux qui fouffrent pour nous, que
ceux qui fe divertiffent par nous. J'ai fa-
vouré cent plaifirs auprès de vous, vous
m'aimiez : je reffens maintenant mille maux
à caufe de vous ; ne m'en aimez pas moins,
je vous en conjure, aimable perfonne, &
je finis avec cette priere ; auffi-bien vient-
on de m'avertir que tout eft prêt, & qu'on
n'attend que moi. Ah ! pourquoi m'attend-
on ? que n'eft-on impatient, & que ne me
laiffe-t-on en ce Pays ! On ne le fera pas ;
il n'y a pas lieu de l'efpérer. Adieu donc,
Mariane, fouvenez-vous de moi, ayez quelque pitié des abfents. N'oubliez pas les
foins que j'ai pris à vous donner de l'amour
en vous perfuadant du mien ; n'oubliez pas
mes promeffes, mes affurances, mes proteftations, ni mes ferments. Oubliez encore
moins les vôtres, par lefquels vous vous
êtes mille fois donnée à moi pour toujours.
Penfez quelquefois à nos plaifirs, penfez

auſſi quelquefois à mon infortune ; je vais
me mettre ſur le plus infidele des éléments.
Que n'eſt-il auſſi le plus cruel ! & s'il eſt
vrai que je ne vous verrai plus, & que vous
m'oublierez dans cette abſence, ce que je
ne puis m'imaginer, que ne m'engloutit-il
mille fois ? que ne fait-il échouer mon vaiſ-
feau contre un banc de ſable ? que ne le
briſe-t-il contre un écueil ? & que ne fait-
il en ma faveur le traitement qu'il a fait à
cent perſonnes moins miſérables que moi ?
Si ce malheur m'arrive, ma douleur & mon
déſeſpoir ne laiſſeront pas à la mer & aux
vents la charge funeſte de me priver du
jour ; & dans le chagrin mortel qui me ſaiſ-
ſira de me voir abandonné par une perſonne
que j'aimois plus que ma vie, j'aurai cette
derniere ſatisfaction de mourir, & pour
vous, & par vous. Ne vous faites pas ce
tort, ne me faites pas cette injuſtice ; je
crois que ſi vous m'ôtiez de votre ſouvenir, vous ſeriez auſſi blâmable que je ſerois
à plaindre. Adieu.

VII. LETTRE.

NE tenons pas nos ſerments, mon Cher,
je vous prie, il en coûte trop de les obſer-

ver. Voyons-nous, & que ce foit, s'il fe
peut, tout-à l'heure. Vous m'avez foup-
çonnée d'infidélité, vous m'avez exprimé
ces foupçons d'une maniere outrageante;
mais je vous aime plus que moi-même, &
je ne puis vivre fans vous voir. A quoi
bon nous faire des abfences volontaires?
n'en avons-nous pas affez d'inévitables à
éprouver? Venez rendre toute la joie à
mon ame, par un moment d'entretien en
liberté. Vous me mandez que vous ne voulez me voir que pour me demander pardon; ah! venez, quand ce feroit pour me
dire des injures, venez, je vous en conjure, j'aime mieux voir vos yeux irrités, que
de ne point les voir du tout Mais, hélas!
je ne hazarde guères, quand je laiffe ce
choix à votre difpofition. Je fais que je les
verrai tendres & brûlants d'amour, ils m'ont
déja paru tels au matin à l'Eglife; j'ai lu
la confufion de votre crédulité, & vous
avez dû voir dans les miens des affurances
de votre pardon. Ne parlons plus de cette
querelle; ou fi nous en parlons, que ce
foit pour en éviter une pareille à l'avenir.
Comment pourrions-nous douter de notre
amour? Nous ne fommes au monde que
pour lui. Je n'aurois jamais eu le cœur que
j'ai, s'il n'avoit dû être plein de votre idée;
vous n'auriez pas l'ame que vous avez, fi

vous n'aviez pas dû m'aimer : & ce n'est que
pour vous aimer autant que vous êtes aimable, & que pour m'aimer autant que vous
êtes aimé, que le Ciel nous a fait si capables d'amour l'un & l'autre. Mais dites-moi,
de grace, avez-vous senti tout ce que j'ai
senti depuis que nous feignons de nous vouloir du mal? Car nous ne nous en sommes
jamais voulu, nous n'en avons pas la force,
& notre étoile est plus puissante que tous
les dépits. Grand Dieu! que j'ai trouvé
cette feinte penible! que mes yeux se sont
fait de violence, quand ils vous ont deguisé
leurs mouvements! & qu'il faut être en-
nemi de soi-même, pour se dérober un
moment de bonne intelligence, quand on
s'aime comme nous nous aimons! Mes pas
me portoient, malgré moi, où je devois
vous rencontrer; mon cœur, qui s'est fait
une habitude si douce d'épanchement à
votre rencontre, cherchoit mes yeux pour
les répandre; & comme je m'efforçois de
les lui refuser, il me donnoit des élans secrets qui ne peuvent être compris que par
ceux qui les ont éprouvés. Il me semble
que vous avez été tout de même ; je vous
ai trouvé dans les lieux où le hazard ne
pouvoit vous conduire, & s'il faut vous
confier toutes mes vanités, je n'ai jamais
remarqué tant d'amour dans vos regards,

que depuis que vous affectez de n'en plus
laiffer voir. Qu'on eft infenfé de fe donner
toutes ces gênes! Mais plutôt, qu'on fait
bien de fe montrer ainfi fon ame toute entiere! Je connoiffois toute la tendreffe de
la vôtre, & j'aurois diftingué fes mouvements amoureux entre ceux de toutes les
autres ames; mais je ne connoiffois, ni votre colere, ni votre fierté. Je favois bien
que vous étiez capable de jaloufie, puifque
vous aimiez; mais je ne connoiffois point
le caractere que cette paffion prenoit dans
votre cœur. C'auroit été une trahifon que
de m'en laiffer douter plus long-temps, &
je ne puis m'empêcher de vouloir du bien
à votre injuftice, puifqu'elle m'a fait faire
une découverte fi importante. Je vous avois
voulu jaloux, je vous l'ai trouvé; mais renoncez à votre jaloufie, comme je renonce
à ma curiofité. Quelque figure que prenne
un Amant, il n'y en a point de fi avantageufe pour lui que celle d'un Amant heureux. C'eft une grande erreur que de dire
qu'un Amant eft fot, quand il eft content.
Ceux qui ne font pas aimables fous cette
forme, le feroient encore moins fous une
autre; & quand on n'a pas affez de délicateffe pour profiter du caractere d'un Amant
fatisfait, c'eft la faute du cœur, & non pas
celle de la félicité. Hâtez-vous de venir

me confirmer cette vérité, mon Cher, je
vous en prie. Je ne ferois pas fi peu délicate que d'en retarder l'inftant par une fi
longue Lettre, fi je ne favois que vous ne
pouvez me voir à l'heure que je vous écris.
Quelque plaifir que je trouve à vous entretenir de cette forte, je fais bien lui préférer
celui d'un autre entretien, il n'y a que moi
qui goûte le plaifir de vous écrire, & vous
partagez celui de me voir. Mais quoi ! je ne
puis avoir l'un qu'avec des ménagements de
bienféance, & j'ai l'autre quand il me plaît.
Préfentement que tous les gens de notre
Maifon repofent, & fe croient peut être
heureux de bien repofer, je jouis d'un bonheur que le repos le plus profond ne fauroit me donner. Je vous écris, mon cœur
vous parle comme fi vous deviez lui répondre, il vous immole fes veilles avec
fon impatience. Ah ! qu'on eft heureux,
quand on aime parfaitement, & que je
plains ceux qui languiffent dans l'oifiveté
qui naît de la liberté ! Bon jour, mon Cher,
le jour commence à paroître. Il auroit paru
bien plutôt qu'à l'ordinaire, s'il avoit con-
fulté mon impatience ; mais il n'eft pas
amoureux comme nous, il faut lui pardonner fa lenteur, & tâcher à la tromper par
quelques heures de fommeil, afin de la
trouver moins infupportable.

RÉPONSE à LA SEPTIEME LETTRE.

N'ÉTOIT-CE pas affez de mes malheurs?
Le défefpoir d'être réduit à vous abandonner, ne pouvoit-il pas feul me rendre affez infortuné, fans qu'il fallût y joindre vos
déplaifirs, auxquels je fuis cent fois plus
fenfible qu'aux miens propres? Quoi! vous
ne m'oubliez pas; vous penfez encore à un
miférable; vous vous réjouiffez de mon
amour! Ah! c'en eft affez, contentez-vous
de me plaindre, & ne prenez pas autant de
part à mes chagrins que moi-même. Il n'eft
pas jufte que vous vous affligiez autant de
ma perte que je fais de la vôtre. Vous trouverez en mille lieux un honnête homme fur
lequel vos yeux feront les mêmes effets
qu'ils ont faits fur moi, & pour qui vous
pourrez avoir de la tendreffe Mais que dis-
je! fouffrirois-je que vous euffiez pour quelque autre ces fentiments, que vous avez juré
mille fois ne pouvoir avoir que pour moi!
Si je vous croyois capable d'un tel changement, je ne fais de quel excès je ne ferois
point capable moi-même; & cet Heureux
que vous auriez choifi pour occuper ma
place, ne feroit pas affuré de la vie, tant
que je ferois en état de hazarder la mienne.

Je vous demande pardon de cet emportement; il eſt bien difficile de garder un ſang
froid en une pareille matiere. Modérez
pourtant un peu vos tranſports, & ſi vous
prenez mes plaiſirs de France pour la cauſe
de vos douleurs, apprenez combien elles
ont peu de fondement. L'image de Mariane, que j'avois ſi profondément gravée
dans le cœur, fut la premiere choſe qui,
après m'avoir occupé pendant tout le temps
de mon voyage, occupa encore mon eſprit à l'entrée de mon Pays. Vous le dirai-
je? ce fut cette image qui étouffa en moi
certains ſentiments de joie, qui ſont ſi naturels à ceux qui peuvent revoir leur patrie. Je penſai d'abord à vous, & voyant
que ce n'étoit pas le lieu où il falloit vous
chercher, au contraire que c'étoit celui où
je ne vous trouverois jamais, je faillis à
tomber dans ce pitoyable état, auquel vous
m'apprenez dans votre Lettre que vous
avez eté. Je vis mes Parents, je reçus des
viſites de mes amis, j'en rendis quelques
autres, & parmi tant de ſujets d'une joie
au moins apparente, je témoignai un déplaiſir ſi évident & un chagrin ſi violent,
que les plus inſenſibles eurent pitié de l'é-
tat où ils me voyoient. Ils ſe doutoient bien
que j'avois apporté cette maladie de Portugal, mais ils en ignoroient la cauſe, & j'é-

tois le feul qui favois l'origine de mon mal,
& le remede qu'il y falloit apporter. Combien de fois ai-je fouhaité de pouvoir fou-
lager mes douleurs, en les partageant & en
les communiquant ! J'ai regretté mille fois
l'abfence de Donna Brites, par le moyen
de laquelle je vous ai fi fouvent exprimé
mon amour. Je ne vous dirai pas avec quelle
ardeur j'ai fouhaité votre préfence, quelle
refolution j'ai faite pour la recouvrer. Si
vous m'aimez, vous vous les imaginez affez, & vous pouvez les mefurer à l'envie
que vous avez de me revoir ; fi vous ne
m'aimez plus, qu'ai-je à faire de vous les
repréfenter, & de vous donner lieu de vous
moquer de mes inquiétudes ? Enfin, je ne
goûte aucun repos ; le jour & la nuit me
font également importuns. Si j'ouvre les
yeux au matin, je ne les ouvre qu'aux larmes, j'ouvre auffi-tôt ma bouche aux foupirs & aux plaintes; la penfée de notre éloignement, & du peu d'apparence que je
vois à nous rapprocher, me jette dans une
mélancolie infurmontable. Si je les ferme
le foir, les fonges & les vifions me rempliff-
fent l'efprit de Mariane, quelquefois de
Mariane préfente, & je fuis au défefpoir à
mon réveil de voir la fauffeté de mes fonges & le renverfement de ma joie ; quelquefois de Mariane abfente, & je fuis en-

core au défefpoir de voir à mon réveil que
les chofes les plus trompeufes deviennent
certaines & indubitables, & font des Ora-
cles affurés qui me les repréfentent à toute
heure, pour ne pas me laiffer un moment
de repos & de quiétude. Voilà quelle eft
ma vie ; voilà quels font mes plaifirs & mes
divertiffements. Voyez s'il y a lieu de me
porter envie, & fi je n'ai pas fujet de former autant de plaintes que vous, contre
cette cruelle abfence qui nous fépare. J'é-
tois en cet état, quand je reçus votre Lettre ; je la baifai mille fois avant que de l'ouvrir, & je fentis dans mon ame un mouvement de joie qui m'étoit inconnu depuis
que je vous avois quittée. Je l'ouvris, j'y
vis des caracteres que mes yeux ne purent
démentir. Je fus furpris que vous euffiez pu
trouver la commodité de m'écrire ; j'appris,
en la lifant, que votre frere vous avoit
fourni l'occafion de me donner de vos nouvelles. Que je pardonnai de bon cœur alors
à toute votre famille, les empêchements
qu'elle avoit tâché d'apporter à notre com-
mune fatisfaction, les obftacles qu'elle y
avoit mis, la haine qu'elle avoit conçue
contre moi, & tout ce qu'elle avoit pu nous
faire fouffrir, tant à votre confidération qu'à
la mienne ; que je lui voulus de bien de
cette derniere action, qui récompenfe avec

avantage toutes les précédentes! Je l'appel-
lai l'auteur de mon bonheur, & lui avouai
dès-lors une amitié auffi grande que l'amour
que je vous ai fi fouvent juré. Mais, mon
Cœur, que vos maux, que vos douleurs,
que vos défefpoirs, que vos appréhenfions,
que vos plaintes me toucherent fenfible-
ment! J'en vins jufqu'à fouhaiter de ne vous
avoir jamais aimée, de n'avoir jamais été
aimé de vous, puifque c'étoit mon amour
& le vôtre qui vous caufoient tant de dé-
réglemens. La perte de votre fanté altéra
d'abord la mienne, votre évanouiffement,
cet abandon de vos fens m'abandonna à la
fureur, & prefque à la mort. J'avois cru jufques à préfent que ce n'étoit qu'auprès de
moi que vous étiez fujette à des abandon-
nemens. Ah! confervez-vous, n'expofez
pas ainfi nos deux vies. Quittez ces fouffrances, quelque cheres qu'elles vous foient
à caufe de moi ; c'eft par-là qu'elles me
font infupportables : je ne puis les endurer
en vous, fur-tout tant que vous m'en confi-
dérerez comme l'auteur, & que vous m'en
croirez l'unique fujet. Hélas! fi les douleurs que je fouffre, ou que je pourrois
endurer à l'avenir, fuffifoient pour appaifer
les vôtres, vous feriez bientôt convaincue
que vous n'avez nulle raifon de vous plaindre, & de m'accufer. S'il ne falloit que ma

vie pour vous délivrer de tous vos maux,
vous verriez bien, par la diligence que j'ap-
porterois à vous la facrifier, que je n'ai rien
de plus précieux, rien de plus cher que votre repos. Cependant vous me reprochez
de vous avoir rendu malheureufe, comme
fi j'étois moi-même exempt de ces triftef-
fes dévorantes qui me rendent la vie fi en-
nuyeufe & fi infupportable, & qui ne me
font trouver que des pointes & que des épi-
nes où les autres ne rencontrent que des
lis & des rofes. Ah ! de grace, ceffez de
m'accufer, auffi-bien que de me foupçonner que je puiffe aimer en ces lieux quelque autre que vous. Je fais que je n'y trouverai jamais tant de charmes, que j'en ai
admirés en votre perfonne ; & quand il feroit poffible que j'en trouvaffe encore davantage, je ne trouverois pas chez moi un
cœur propre à recevoir de nouvelles im-
preffions, ni à perdre celles que vous y avez
mifes. Je vous aime trop pour former jamais un pareil deffein. Bien loin de l'exécuter, le changement, ni la diftance des
lieux, n'apporte aucune altération à mon
amour; il n'en apporte qu'à mes plaifirs. Je
goûtois plus de douceurs en vous aimant
en Portugal ; je fouffre plus de maux en
vous aimant en France : voilà toute la différence que j'y trouve ; mais je vous aime

toujours & par-tout Je reffens en tous lieux la fatisfaction de vous aimer, & celle que donne l'efpérance d'être aimé. Je ne fau-rois vivre fans l'un, ni fans l'autre, je ré-ponds du premier, répondez-moi du fe-cond. Adieu, ne vous abandonnez plus fi fort à la douleur; ne me foupçonnez d'au-cune indifférence, d'aucun changement, ni d'aucun oubli. Doutez moins de moi que de vous-même : mais pourtant aimez-moi tou-jours beaucoup, & plaignez-moi un peu; je vous en donne chaque jour fujet par les maux que j'endure. Adieu.

VIII. LETTRE.

CONSIDERE, mon amour, jufqu'à quel excès tu as manqué de prévoyance. Ah! mal-heureux, tu as été trahi, & tu m'as trahie par des efpérances trompeufes. Une paffion fur laquelle tu avois fait tant de projets de plaifirs, ne te caufe préfentement qu'un mor-tel défefpoir, qui ne peut être comparé qu'à la cruauté de l'abfence qui le caufe. Quoi! cette abfence, à laquelle ma douleur, toute ingénieufe qu'elle eft, ne peut donner un nom affez funefte, me privera donc pour toujours de regarder ces yeux dans lefquels

je voyois tant d'amour, & qui me faifoient
connoître des mouvements qui me com-
bloient de joie, qui me tenoient lieu de toutes chofes, & qui enfin me fuffifoient? Hélas! les miens font privés de la feule lumiere
qui les animoit; il ne leur refte que des larmes, & je ne les ai employés à aucun ufage
qu'à pleurer fans ceffe, depuis que j'ai appris
que vous étiez enfin réfolu à un éloignement qui m'eft fi infupportable, qu'il me
fera mourir en peu de temps. Cependant
il me femble que j'ai quelque attachement
pour mes malheurs, dont vous êtes la feule
caufe. Je vous ai deftiné ma vie auffi-tôt que
je vous ai vu, & je fens quelque plaifir
en vous la facrifiant. J'envoie mille fois le
jour mes foupirs vers vous; ils vous cherchent en tous lieux, & ils ne me rapportent
pour toute récompenfe de tant d'inquiétudes, qu'un avertiffement trop fincere que
me donne ma mauvaife fortune, qui a la
cruauté de ne pas fouffrir que je me flatte,
& qui me dit à tous moments Ceffe, ceffe,
Mariane infortunée, de te confumer vainement, & de chercher un Amant que tu ne
verras jamais, qui a paffé les mers pour te
fuir, qui eft en France au milieu des plaifirs, qui ne penfe pas un feul moment à tes
douleurs, & qui te difpenfe de tous ces tranfports, defquels il ne te fait aucun gré. Mais
non,

non, je ne puis me réſoudre à juger ſi in-
jurieuſement de vous, & je ſuis trop inté-
reſſée à vous juſtifier. Je ne veux point m'i-
maginer que vous m'avez oubliée. Ne ſuis-
je pas aſſez malheureuſe, ſans me tourmenter par de faux ſoupçons! Et pourquoi ferois-je des efforts pour ne plus me ſouvenir de tous les ſoins que vous avez pris de
me témoigner de l'amour? J'ai été ſi charmée de tous ces ſoins, que je ſerois bien
ingrate, ſi je ne vous aimois avec les mêmes emportements que ma paſſion me donnoit quand je jouiſſois des témoignages de
la vôtre Comment ſe peut-il faire que les
ſouvenirs de moments ſi agréables ſoient devenus ſi cruels, & faut-il que, contre leur
nature, ils ne ſervent qu'à tyranniſer mon
cœur? Hélas! votre derniere Lettre le ré-
duiſit en un étrange état; il eut des mouvements ſi ſenſibles, qu'il fit, ce ſemble,
des efforts pour ſe ſeparer de moi, & pour
vous aller trouver. Je fus ſi accablée de toutes ces émotions violentes, que je demeu-
rai plus de trois heures abandonnée de tous
mes ſens. Je me défendis de revenir à une
vie que je dois perdre pour vous, puiſque
je ne puis la conſerver pour vous. Je revis
enfin, malgré moi, la lumiere; je me flattois de ſentir que je mourois d'amour, &
d'ailleurs j'étois bien-aiſe de n'être plus ex-

poſée à voir mon cœur déchiré par la douleur de votre abſence. Après ces accidents,
j'ai eu beaucoup de différentes indiſpoſi-
tions ; mais puis-je jamais être ſans maux,
tant que je ne vous verrai pas ? Je les ſup-
porte cependant ſans murmurer, puiſqu'ils
viennent de vous. Quoi ! eſt-ce là la récom-
penſe que vous me donnez pour vous avoir
ſi tendrement aimé ? Mais il n'importe, je
ſuis réſolue à vous adorer toute ma vie, &
à ne voir jamais perſonne ; je vous aſſure
que vous ferez bien auſſi de n'aimer perſonne. Pourriez-vous être content d'une paſſion moins ardente que la mienne ? Vous
trouverez peut être plus de beauté (vous
m'avez pourtant dit autrefois que j'étois aſſez belle :) mais vous ne trouverez jamais
tant d'amour, & tout le reſte n'eſt rien.
Ne rempliſſez plus vos Lettres de choſes
inutiles, & ne m'écrivez plus de me ſouvenir de vous. Je ne puis vous oublier, &
je n'oublie pas auſſi que vous m'avez fait
eſpérer que vous viendrez paſſer quelque
temps avec moi. Hélas ! pourquoi n'y voulez-vous pas paſſer toute votre vie ? S'il
m'étoit poſſible de ſortir de ce malheureux Cloître, je n'attendrois pas en Portugal l'effet de vos promeſſes ; j'irois, ſans
garder aucune meſure, vous chercher, vous
ſuivre, & vous aimer par tout le monde.

Je n'ose me flatter que cela puisse être ; je
ne veux point nourrir une espérance qui
me donneroit assurément quelque plaisir,
& je ne veux plus être sensible qu'aux douleurs J'avoue cependant que l'occasion que
mon frere m'a donnée de vous écrire, a surpris en moi quelques mouvements de joie,
& qu'elle a suspendu pour un moment le
désespoir où je suis. Je vous conjure de me
dire pourquoi vous vous êtes attaché à m'en-
chanter, comme vous avez fait, puisque
vous saviez bien que vous deviez m'abandonner, & pourquoi vous avez été si acharné
à me rendre malheureuse. Que ne me lais-
siez-vous en repos dans mon Cloître ? Vous
avois-je fait quelque injure ? Mais je vous
demande pardon, je ne vous impute rien ;
je ne suis pas en état de penser à ma vengeance, & j'accuse seulement la rigueur de
mon destin. Il me semble qu'en nous sépa-
rant, il nous a fait tout le mal que nous
pouvions craindre : il ne sauroit séparer nos
cœurs ; l'Amour, qui est plus puissant que
lui, les a unis pour toute notre vie. Si vous
prenez quelque intérêt à la mienne, écrivez-moi souvent. Je mérite bien que vous
preniez quelque soin de m'apprendre l'état
de votre cœur & de votre fortune ; sur-tout
venez me voir. Adieu . je ne puis quitter
ce papier, il tombera entre vos mains ; je

E ij

voudrois bien avoir le même bonheur. Hélas! insensée que je suis, je m'apperçois bien que cela n'est pas possible. Adieu, je n'en puis plus. Adieu, aimez-moi toujours, & faites-moi souffrir encore plus de maux.

RÉPONSE à LA HUITIEME LETTRE.

JUSQUES à quand dureront vos soupçons? Ces sentiments injurieux que vous avez de moi, ne finiront-ils jamais de me croire coupable, quoique je ne sois que malheureux? Hélas! quel est l'état où je me trouve réduit? Cruelle & funeste absence, quel désordre n'apportes-tu pas, & quelles suites dangereuses n'as-tu pas! Parce que je suis absent, est-ce une nécessité absolue que je sois lâche, que je sois infidele, perfide & parjure? Ah! Mariane, je suis au désespoir, & de ce que vous m'accusez avec tant d'injustice, & des maux que vous endurez avec tant de rigueur pour l'amour de moi. Je n'ai pas eu un seul moment de plaisir depuis mon départ; j'ai été comme enseveli dans les chagrins & dans les déplaisirs, la vie m'a été un continuel supplice. J'attendois de vos Lettres quelque soulagement à mes continuelles douleurs, & cependant elles les augmentent, & les ren-

dent abfolument incurables ; tous les caracteres, tous les termes, toutes les lignes
en font empoifonnées. Si j'y apprends que
vous vivez, j'y apprends en même temps
que vous ne vivez que pour fouffiir, & que
vous mourez chaque jour fous des tourments étranges & inconcevables. Si j'y vois
que vous vous fouvenez de moi, je vois
bientôt que ce n'eft que pour m'accufer,
& pour m'imputer tous les maux que vous
endurez. Si vous m'y marquez que vous
m'aimez, c'eft, ou pour me reprocher que
je ne vous aime pas, ou pour me dire que
vous mourez. Ne fauriez-vous vivre fans
fouffrir ? Quoi que vous difiez de mes fentiments, je juge bien facilement par moi-
même que vous ne le pouvez pas. Au moins
fouvenez-vous de moi fans m'accufer, &
aimez moi fans mourir. Souffrez, Mariane;
je n'ofe pas vous dire de ne fouffrir plus,
parce que je ne veux pas vous confeiller de
ne plus m'aimer; & que je fais que quand
on aime une perfonne abfente, il faut, ou
fouffrir, ou mourir. Je ne veux pas vous
difpenfer d'une néceffité, de laquelle je prétends ne me difpenfer jamais. Dure extrêmité, qui m'oblige à prier de fouffrir une
perfonne pour laquelle je fouffrirois tous
les tourments imaginables, pour laquelle
je m'expoferois aux plus cruels dangers, &

pour laquelle j'exposerois mille fois mille
vies si je les avois! Souffrez pourtant, j'y
consens; mais ne vous imaginez pas, contre la vérité & contre toutes les apparences, que ce soit pour un infidele que vous
souffrez. Souvenez-vous de quelle maniere
je vous ai aimée, & combien vous m'avez
aimé; voyez ce que j'ai fait & ce que je
dois faire, & ne vous défiez, ni de mon
amour, ni de mon devoir. Remettez-vous
dans l'esprit tout ce que j'ai pu vous dire
autrefois, pour vous persuader que je vous
adorois. Pensez à mes promesses si souvent
réitérées de n'aimer jamais autre que vous;
souvenez-vous encore que vous m'avez cru,
que cette créance a été l'origine de ma félicité, & qu'elle vous a obligée à m'aimer,
& à me faire passer tant & tant de doux
moments. Il est vrai que j'ai quitté ces plaisirs en quittant le Portugal; mais je n'ai pas
quitté ma passion. On ne s'en défait pas si
aisément : elle m'est trop chere, pour ne
la pas conserver tout le reste de mes jours;
c'est la seule rivale que vous ayez dans mon
cœur, & qui ne le seroit pas, si elle n'é-
toit votre ouvrage. N'en soyez pas jalouse;
c'est cette passion qui me dit incessamment
de vous aimer. Adore, me dit-elle à tous
moments, adore ta chere Mariane, ne me
conserve que pour l'amour d'elle; elle m'a

donné la naiſſance, c'eſt à toi de m'entretenir!
Si je ne puis plus paroître dans tes yeux,
ni dans ta bouche, fais que je paroiſſe dans
ton cœur & dans tes Lettres. En vérité,
j'ai quelque ſujet de me plaindre de vous;
& s'il eſt vrai que je ſois bien dans votre
cœur, il eſt encore plus vrai que je ſuis bien
mal dans votre eſprit. Vos ſoupçons me ſont
étrangement injurieux; je ne vous aurois
jamais cru capable de pareils ſentiments en
mon endroit. Qu'ai-je fait? qu'eſt-il arrivé
depuis mon départ qui ait pu vous obliger
à quitter cette confiance que vous aviez auparavant en moi? Qu'ai-je fait, méchan-
te, depuis ce temps que vous pleurez, que
me plaindre, que vous aimer? Ce procédé
vous paroît-il d'un inconſtant, & d'un homme attaché à quelque Beauté de France,
comme vous me le reprochez? Cependant
vous m'accuſez, & peu s'en faut que vous
ne me condamniez, ſur ce que je ne vous
écris pas aſſez ſouvent. Hélas! en aime-t-on
moins pour en écrire moins? Avant que
notre mauvaiſe fortune nous eût ſéparés,
croyiez-vous que je ne vous aimaſſe que
pendant le temps que je vous entretenois,
& que ma flamme prît fin avec la conver-
ſation? Je vous aimois en vous quittant, je
vous aimois en me promenant, je vous aimois en retournant vous voir, & toujours

auffi ardemment que je vous aimois entre
mes bras. Quand je ne pouvois pas vous le
dire, vous m'avez dit cent fois que vous
vous le difiez à vous-même, & que vous
repaffiez dans votre efprit mes affurances
& mes proteftations. Que n'en faites-vous
autant aujourd'hui? Ah! c'eft que vous ne
m'aimez plus; je le vois bien, & la feule
chofe que j'appréhendois tant, eft enfin arrivée; c'eft tout ce que je puis m'imaginer
d'une perfonne qui ne me demande que du
papier pour preuve de mon amour. Confidérez la différence de vos prieres & des
miennes. Je vous prie de m'aimer toujours;
vous me priez de vous écrire · je vous demande l'effet de tant de promeffes que vous
m'avez faites de me conferver votre cœur,
de ne m'oublier jamais, de penfer conti-
nuellement à moi; & vous me demandez
des Lettres. Il eft vrai que vous me demandez moi-même. Ah! je fuis un ingrat, ou
plutôt un infenfé; vous m'aimez plus que
je ne mérite, bien que vous ne m'aimiez
pas plus que je vous aime. Que cette derniere demande m'eft avantageufe! Elle me
paroît pourtant inutile; ne fuis-je pas à
vous? Hélas! je fuis tant à vous, que je ne
fuis pas à moi; je ne penfe qu'à vous, je
ne vis que pour vous: vos douleurs font les
miennes, vos afflictions me tourmentent,

vos maux me tuent; puis-je mieux être à
vous? Plût aù ciel que la nouvelle de la
paix qu'un Officier François vous a donnée, fût vraie! Ce feroit à vos genoux que
je vous irois confirmer que je vous aime; je
les mouillerois de mes larmes, & je mourrois de joie de me voir rejoint à la perfonne
dont l'abfence me fait mourir de regret. Ah!
que vous n'auriez plus fujet d'appréhender
un fecond éloignement, fi ma bonne fortune me pouvoit ramener une feconde fois
dans votre chambre! Je fais trop bien maintenant quelles font les cruautés de l'abfence, pour m'y expofer davantage. Mais, hélas! me pourrai-je voir un jour en état d'exécuter ce que je vous promets? Cette paix
dont vous me parlez, eft-elle affûrée? Je
le fouhaite, & je n'ofe pas le croire; je fuis
trop malheureux pour qu'un tel bonheur
m'arrive. J'appréhende effroyablement ce
que vous me dites · *Je ne vous verrai peut-
être jamais.* Ce n'eft pas, ma chere ame,
que je vous aie abandonnée; j'abandonne-
rois mes parents, mes biens, ma fortune
& ma vie plutôt que vous · c'eft le bonheur
qui nous a abandonnés l'un & l'autre, &
fans lequel il eft bien difficile que nous nous
revoyions. Que cette penfée eft funefte;
qu'elle eft contraire à notre repos! Hélas!
c'eft celle-là même qui eft la caufe de votre

E v

défefpoir & de votre évanouiffement. Ah?
Mariane, je fuis donc la caufe de l'un &
de l'autre, & je me contente de pleurer &
de foupirer pour vous, au même temps que
vous mourez pour moi. Ah! cruel, barbare
& impitoyable que je fuis! vos yeux per-
dent la lumiere & leur éclat ordinaire, &
les miens fe contentent de répandre des larmes! Votre belle bouche fe fermera, &
la mienne ne s'ouvrira qu'à quelques fanglots! Tous vos fens vous abandonnent, &
les miens font encore affez à moi pour vous
confoler; & j'ofe vous affurer avec tout cela
que je vous aime! Adieu, je meurs de honte
de n'être pas mort de défefpoir & d'amour;
& fi les deftins me font encore affez ennemis pour me faire furvivre à ma honte, &
pour prolonger la fureur où me jettent les
fentiments que j'ai préfentement, il n'eft
ni guerre, ni danger, qui m'empêche de
retourner en Portugal, & d'aller facrifier
à vos pieds, & peut-être, hélas! à votre
tombeau, la vie du plus lâche de tous les
amants, & de celui qui mériroit le moins
vos faveurs. Je ne puis plus vous écrire,
je fuis indigne de prendre cette liberté.
Mes fens qui le reconnoiffent, fe révoltent
contre moi, mon efprit refufe de me four-
nir des penfées, & ma main de les écrire;
à peine vous puis-je affurer que, malgré

tout mon procédé, il ne laisse pas d'être très-vrai que je vous aime plus que toutes choses. Adieu, adieu.

IX. LETTRE.

IL me semble que je fais le plus grand tort du monde aux sentiments de mon cœur, de tâcher de vous les faire connoître en les écrivant. Que je serois heureuse, si vous en pouviez bien juger par la violence des vôtres? Mais je ne dois pas m'en rapporter à vous, & je ne puis m'empêcher de vous dire, bien moins vivement que je ne le sens, que vous ne devriez pas me maltraiter comme vous faites, par un oubli qui me met au désespoir, & qui est même honteux pour vous. Il est bien juste au moins que vous souffriez que je me plaigne des malheurs que j'avois bien prévus, quand je vous vis résolu de me quitter. Je connois bien que je me suis abusée, lorsque j'ai pensé que vous auriez un procédé de meilleure foi qu'on n'a accoutume d'avoir, parce que l'excès de mon amour me mettoit, ce semble, au dessus de toutes sortes de soupçons, & qu'il méritoit plus de fidélité qu'on n'en trouve d'ordinaire; mais la dispo-

E vj

fition que vous avez à me trahir, l'emporte
enfin fur la juftice que vous devez à tout ce
que j'ai fait pour vous. Je ne laifferois pas
d'être bien malheureufe, fi vous ne m'aimiez que parce que je vous aime, & je
voudrois tout devoir à votre feule inclination ; mais je fuis fi éloignée d'être en cet
état, que je n'ai pas reçu une feule Lettre
de vous depuis fix mois. J'attribue tout ce
malheur à l'aveuglement avec lequel je me
fuis abandonnée à m'attacher. Ne devois-
je pas prévoir que mes plaifirs finiroient
plutôt que mon amour ? Pouvois-je efpérer
que vous demeureriez toute votre vie en
Portugal, & que vous renonceriez à votre
fortune & à votre Pays pour ne penfer
qu'à moi ? Mes douleurs ne peuvent recevoir aucun foulagement, & le fouvenir de
mes plaifirs me comble de défefpoir. Quoi !
tous mes defirs feront donc inutiles, & je
ne vous verrai jamais en ma chambre avec
toute l'ardeur & tout l'emportement que
vous me faifiez voir ? Mais, hélas ! je m'a-
bufe, & je ne connois que trop que tous
les mouvements qui occupoient ma tête
& mon cœur, n'étoient excités en vous
que par quelques plaifirs, & qu'ils finif-
foient auffi-tôt qu'eux. Il falloit que dans
ces moments trop heureux j'appellaffe ma
raifon à mon fecours, pour modérer l'ex-

cès funeste de mes délices, pour m'annoncer tout ce que je souffre présentement; mais je me donnois toute à vous, & je n'étois pas en état de penser à ce qui eût pu empoisonner ma joie, & m'empêcher de jouir pleinement des témoignages ardents de votre passion. Je m'appercevois trop agréablement que j'étois avec vous, pour penser que vous seriez un jour éloigné de moi. Je me souviens pourtant de vous avoir dit quelquefois que vous me rendriez malheureuse; mais ces frayeurs étoient bientôt dissipées, & je prenois plaisir à vous les sacrifier & à m'abandonner à l'enchantement & à la mauvaise foi de vos protestations. Je vois bien le remede à tous mes maux, & j'en serois bientôt délivrée, si je ne vous aimois plus. Mais, hélas! quel remede! Non, j'aime mieux souffrir encore davantage que de vous oublier. Hélas! cela dépend-il de moi? Je ne puis me reprocher d'avoir souhaité un seul moment de ne vous plus aimer; vous êtes plus à plaindre que je ne le suis, & il vaut mieux souffrir tout ce que je souffre, que de jouir des plaisirs languissants que vous donnent vos Maîtresses de France. Je n'envie point votre indifférence, & vous me faites pitié. Je vous défie de m'oublier entiérement; je me flatte de vous avoir mis en état de n'avoir sans moi que des plaisirs imparfaits; & je suis plus heureuse que vous, puisque je suis plus occupée. L'on m'a fait depuis peu Portiere en ce Couvent; tous ceux qui me parlent, croient que je suis folle. Je ne sais ce que je leur réponds, & il faut que les Religieuses soient aussi insensées que moi, pour m'avoir cru capable de quelque soin. Ah! j'envie le bonheur d'Emmanuel & de Francisque; pourquoi ne suis-je pas incessamment avec vous comme eux! Je vous aurois suivi, & je vous aurois assurément servi de meilleur cœur. Je ne souhaite rien en ce monde que de vous voir, au moins souvenez-vous de moi : je me contente de votre souvenir; mais je n'ose m'en assurer. Je ne bornois pas mes espérances à votre souvenir, quand je vous voyois tous les jours; mais vous m'avez bien appris qu'il faut que je me soumette à tout ce que vous voudrez. Cependant je ne me repens point de vous avoir adoré; je suis bien-aise que vous m'ayez séduite. Votre absence rigoureuse, & peut-être éternelle, ne diminue en rien l'emportement de mon amour; je veux que tout le monde le sache, je n'en fais point un myftere, & je suis ravie d'avoir fait tout ce que j'ai fait pour vous contre toutes sortes de bienséances. Je ne mets plus mon bonneur & ma religion qu'à vous aimer éperdument toute ma vie, puifque j'ai commencé à vous aimer. Je ne vous dis point toutes ces chofes pour vous obliger à m'écrire. Ah ! ne vous contraignez point ; je ne veux de vous que ce qui viendra de votre mouvement, & je refufe tous les témoignages de votre amour dont vous pourriez vous empêcher. J'aurai du plaifir à vous excufer, parce que vous aurez peut-être du plaifir à ne pas prendre la peine de m'écrire, & je fens une profonde difpofition à vous pardonner toutes vos fautes. Un Officier François a eu la charité de me parler ce matin plus de trois heures de vous. Il m'a dit que la paix de France étoit faite ; fi cela eft, ne pourriez-vous pas me venir voir, & m'emmener en France ? Mais je ne le mérite pas ; faites tout ce qu'il vous plaira, mon amour ne dépend plus de la maniere dont vous me traiterez. Depuis que vous êtes parti, je n'ai pas eu un feul moment de fanté, & je n'ai aucun plaifir qu'en nommant votre nom mille fois le jour. Quelques Religieufes, qui favent l'état déplorable où vous m'avez plongée, me parlent de vous fort fouvent Je fors, le moins qu'il m'eft poffible, de ma chambre, où vous êtes venu tant de fois, & je regarde fans ceffe votre portrait, qui m'eft mille fois plus cher que ma vie. Il me donne

quelque plaifir; mais il me donne auffi bien
de la douleur, lorfque je penfe que je ne
vous reverrai peut-être jamais. Pourquoi
faut-il qu'il foit poffible que je ne vous voie
peut-être jamais? M'avez-vous pour toujours abandonnée? Je fuis au défefpoir;
votre pauvre Mariane n'en peut plus; elle
s'évanouit en finiffant cette Lettre. Adieu,
adieu; ayez pitié de moi.

RÉPONSE à LA NEUVIEME LETTRE.

QUE j'aurois, auffi-bien que vous, de
chofes à vous dire, & que je vous en dirois beaucoup, fi je croyois que vous ajou-
taffiez quelque foi à mes paroles, & fi je
ne connoiffois depuis quelque temps que
vous avez conçu d'étranges & de peu favorables opinions de mon honneur & de
mon amour! J'ai en vain tâché de vous
éclaircir de mes fentiments; vous ne m'en
prenez pas moins dans votre derniere Lettre pour un infidele & pour un trompeur.
Ah! que j'avois bien prévu le malheur qui
me devoit arriver, & que j'avois bien toujours appréhendé que vous n'oubliaffiez mon
amour & ma fidélité, à mefure que je m'é-
loignerois! Mais, quoi! vous ne vous contentez pas de me foupçonner depuis mon

départ, vous dites encore que je ne vous
aimois pas même dans le Portugal Ah!
cruelle, que ce reproche m'eſt ſenſible,
qu'il me touche vivement! J'ai donc toujours été un diſſimulé? Quoi! votre paſſion,
votre amour eſt-il ſi peu clair-voyant, qu'il
ne pût reconnoître mes déguiſements &
mes contraintes? ou comment eſt-il devenu
ſi éclairé depuis que je ſuis en France,
pour vous avoir pu faire appercevoir mille
choſes paſſées que vous n'aviez point vues
en leur temps? Croyez-moi, chere Mariane, vous ne vous êtes point trompée, quand
vous avez cru que je vous aimois; & vous
ne vous tromperez point encore, quand
vous croirez que je vous aime plus que jamais, plus que toutes les choſes du monde. Oui, Mariane, je vous ai aimée ſans
conſulter l'avenir, ni les ſuites que pourroit
avoir ma paſſion; je me donnai tout à vous
dès le moment que je vous vis. Ma raiſon
avoit beau me dire qu'il faudroit partir un
jour; mon amour me perſuadoit, au contraire, que je ne partirois jamais; mon cœur
me diſoit qu'il n'y conſentiroit point, & je
me diſois à moi-même que je ne le pourrois. Je vous découvris l'effet que vos yeux
avoient fait ſur mon ame : vous me crûtes,
il eſt vrai, & vous eûtes pitié de moi ; vous
m'aimâtes même. Cela m'eſt trop avanta-

geux pour l'oublier, ou pour le diſſimu-
ler. Mais comment euſſiez-vous pu faire
pour ne pas me croire, pour ne pas me
plaindre, &, ſi je l'oſe dire, pour ne pas
m'aimer ? Vous vîtes tant d'ingénuité, tant
de franchiſe ſur mon viſage, tant de vérité
dans mes diſcours, ſi peu de ménagement
& ſi peu d'artifice dans ma conduite, que
vous ne pûtes ne pas me croire. Quand je
vous parlois de ma paſſion naiſſante, de ce
que je reſſentois dans l'ame pour vous, de
ce feu qui me dévoroit, & qui de vos yeux
avoit ſi bien ſu paſſer dans mon cœur; quand
je vous exprimois mes divers mouvements,
mes eſpérances, mes craintes, & l'état pitoyable où les unes & les autres me rédui-
ſoient; le moins que vous puſſiez à mon
égard, n'étoit-ce pas de devenir ſenſible &
pitoyable à tant de maux dont vous étiez
la cauſe ? Depuis, mes aſſiduités, mes prieres, mes ſoupirs, mes larmes, ou, pour
le dire en un mot, mon amour attira le vôtre. Que mon bonheur étoit extrême en ce
temps-là ! Vous le connûtes par mille marques que je vous en donnai, dont vous ne
doutiez pas comme vous faites à préſent ;
cela vous obligea à me combler de vos faveurs, & à me faire paſſer mille douces
heures auprès de vous, dans des contentements & dans des tranſports que vous étiez

feule capable de donner. Vous vous reffouvenez de ces tranſports & de ces plaiſirs; mais vous ne voulez pas, ſans doute, vous reſſouvenir de la maniere avec laquelle je m'abandonnois aux uns & aux autres, quand vous me reprochiez que je paroiſſois avoir de la froideur même dans ces occaſions. Ah! Mariane, que dites-vous? un rocher en eût-il été capable? Avez-vous oublié combien mes petits emportements vous donnoient de joie? ne les avez-vous pas ſouvent admirés? ne vous en êtes-vous pas même quelquefois étonnée? Vous en êtes venue juſqu'à me dire que je vous aimois trop, & vous me dites aujourd'hui que je ne vous aimois pas même alors. Hélas! peut-être dirois-je vrai, ſi je vous diſois que vous ne m'aimez plus. Vous m'eſtimez trop peu pour m'aimer beaucoup. Je vois bien dans vos Lettres quelque choſe de bien tendre & de bien touchant, cela me fait bien auſſi du plaiſir : mais je ne puis pas m'imaginer avec toutes vos paroles, que vous puiſſiez m'aimer, tant que vous croirez que je ne vous aime point, & que je ne vous aimai jamais. Changez donc d'opinion, ayez-en une meilleure de moi. Quelques ſujets que j'aie de ſoupçonner votre fidélité, je ne vous en ai rien voulu encore faire ſavoir; je veux être certain de votre faute, avant que de vous accufer. Cette jaloufie m'eft venue depuis quelques jours; elle ne m'empêche pourtant pas de vous aimer de toute mon ame, & de vous prier d'être affurée que vos maux, dont vous continuez de me parler, me deviennent abfolument infupportables; & quoique peut-être ils ne foient pas fi grands chez vous, ils font extrêmes à mon égard. Ils me perfuadent que vous m'aimez; faites que la part que j'y prends, vous perfuade auffi véritablement que je fuis toujours tout à vous. Adieu.

X. *LETTRE.*

QU'EST-CE que je deviendrai, & qu'eftce que vous voulez que je faffe? Je me trouve bien éloignée de tout ce que j'avois prévu. J'efpérois que vous m'écririez de tous les endroits où vous pafferiez, & que vos Lettres feroient fort longues, que vous foutiendriez ma paffion par l'efpérance de vous revoir; qu'une entière confiance en votre fidélité me donneroit quelque forte de repos, & que je demeurerois cependant dans un état affez fupportable, fans d'extrêmes douleurs. J'avois même penfé à

quelques foibles projets de faire tous les
efforts dont je ferois capable pour me guérir, fi je pouvois connoître bien certaine-
ment que vous m'eufliez tout-à-fait oubliée. Votre éloignement, quelques mouvements de dévotion, la crainte de ruiner
entiérement le refte de ma fanté par tant
de veilles & par tant d'inquiétudes, le peu
d'apparence de votre retour, la froideur de
votre paflion & de vos derniers adieux, votre départ, fondé fur d'aflez méchants prétextes, & mille autres raifons qui ne font
que trop bonnes & que trop inutiles, fembloient me promettre un fecours afluré,
s'il me devenoit néceflaire. N'ayant enfin
à combattre que contre moi-même, je ne
pouvois jamais me défier de toutes mes foi-
blefles, ni appréhender tout ce que je fouffre aujourd'hui. Hélas! que je fuis à plaindre de ne pas partager mes douleurs avec
vous, & d'être toute feule malheureufe!
Cette penfée me tue, & je meurs de frayeur
que vous n'ayez jamais été extrêmement
fenfible à tous nos plaifirs. Oui, je connois
préfentement la mauvaife foi de tous vos
mouvements; vous m'avez trahie toutes les
fois que vous m'avez dit que vous étiez ravi
d'être feul avec moi. Je ne dois qu'à mes importunités vos emprefements & vos tranfports, vous aviez fait, de fang froid, un

deſſein de m'enflammer, vous n'avez regardé ma paſſion que comme une victoire,
& votre cœur n'en a jamais été profondément touché N'êtes-vous pas bien malheureux, & n'avez vous pas bien peu de
délicateſſe, de n'avoir ſu profiter qu'en cette
maniere de mes emportements? Et comment eſt-il poſſible qu'avec tant d'amour je
n'aie pu vous rendre tout-à-fait heureux?
Je regrette, pour l'amour de vous ſeulement, les plaiſirs infinis que vous avez per-
dus; faut-il que vous n'ayez pas voulu en
jouir? Ah! ſi vous les connoiſſiez, vous
trouveriez, ſans doute, qu'ils ſont plus ſenſibles que celui de m'avoir abuſée, & vous
auriez éprouvé qu'on eſt beaucoup plus heureux, & qu'on ſent quelque choſe de bien
plus touchant quand on aime violemment,
que lorſqu'on eſt aimé Je ne ſais ni ce que
je ſuis, ni ce que je deſire; je ſuis déchirée
par mille mouvements contraires. Peut-on
s'imaginer un état ſi déplorable! Je vous
aime éperdument, & je vous ménage aſſez
pour n'oſer peut-être ſouhaiter que vous
ſoyez agité des mêmes tranſports. Je me
tuerois, ou je mourrois de douleur ſans me
tuer, ſi j'étois aſſurée que vous n'avez jamais aucun repos, que votre vie n'eſt que
trouble & qu'agitation, que vous pleurez
ſans ceſſe, & que tout vous eſt odieux. Je

ne puis fuffi e à mes maux ; comment pourrois-je fupporter la douleur que me donneroient les vôtres, qui me feroient mille
fois plus fenfibles ? Cependant, je ne puis
auffi me réfoudre à defirer que vous ne penfiez point à moi ; &, à vous parler fincérement, je fuis jaloufe avec fureur de tout
ce qui vous donne de la joie, & qui touche votre cœur & votre goût en France Je
ne fais pourquoi je vous écris, je vois bien
que vous aurez feulement pitié de moi, &
je ne veux point de votre pitié J'ai bien
du dépit contre moi-même, quand je fais
réflexion fur tout ce que je vous ai facrifié.
J'ai perdu ma réputation, je me fuis expofée à la fureur de mes Parents, à la févérité
des loix de ce Pays contre les Religieufes,
& à votre ingratitude, qui me paroît le plus
grand de tous les malheurs ; cependant je
fens bien que mes remords ne font pas véritables, que je voudrois, du meilleur de
mon cœur, avoir couru, pour l'amour de
vous, de plus grands dangers, & que j'ai
un plaifir funefte d'avoir hazardé ma vie &
mon honneur. Tout ce que j'ai de plus précieux, ne devoit-il pas être en votre difpofition, & ne dois-je pas être bien-aife
de l'avoir employé comme j'ai fait ? Il me
femble même que je ne fuis guères contente, ni de mes douleurs, ni de l'excès de

mon amour, quoique je ne puiſſe, hélas!
me flatter aſſez pour être contente de vous.
Je vis, infidelle que je ſuis, & je fais autant de choſes pour conſerver ma vie, que
pour la perdre. Ah! j'en meurs de honte :
mon déſeſpoir n'eſt donc que dans mes Lettres. Si je vous aimois autant que je vous
l'ai dit mille fois, ne ſerois-je pas morte il
y a long temps? Je vous ai trompé, c'eſt à
vous à vous plaindre de moi. Hélas! pourquoi ne vous en plaignez-vous pas? Je vous
ai vu partir, je ne puis eſpérer de vous voir
jamais de retour, & je reſpire cependant!
Je vous ai trahi, je vous en demande pardon ; mais ne l'accordez pas. Traitez-moi
ſévérement, ne trouvez point que mes ſentiments ſoient aſſez violents, ſoyez plus difficile à contenter, mandez-moi que vous
voulez que je meure d'amour pour vous ;
je vous conjure de me donner ce ſecours,
afin que je ſurmonte la foibleſſe de mon
ſexe, & que je finiſſe toutes mes irréſolu-
tions par un véritable déſeſpoir. Une fin
tragique vous obligeroit, ſans doute, à penſer ſouvent à moi, ma mémoire vous ſeroit chere, & vous ſeriez peut-être ſenſi-
blement touché d'une mort extraordinaire.
Ne vaut-elle pas mieux que l'état où vous
m'avez réduite? Adieu ; je voudrois bien ne
vous avoir jamais vu. Ah! je ſens vivement

la

la faufîeté de ce fentiment, & je connois
dans le moment que je vous écris, que j'aime bien mieux être malheureufe en vous
aimant, que de ne vous avoir jamais vu. Je
confens donc fans murmure à ma mauvaife
deftinée, puifque vous n'avez pas voulu la
rendre meilleure. Adieu, promettez-moi
de me regretter tendrement, fi je meurs de
douleur; & qu'au moins la violence de ma
paffion vous donne du dégoût & de l'éloignement pour toutes chofes. Cette confolation me fuffira; & s'il faut que je vous
abandonne pour toujours, je voudrois bien
ne pas vous laiffer à une autre. Ne feriez-
vous pas bien cruel de vous fervir de mon
défefpoir pour vous rendre plus aimable,
& pour faire voir que vous avez donné la
plus grande paffion du monde? Adieu, encore une fois, je vous écris des Lettres trop
longues; je n'ai pas affez d'égards pour
vous, je vous en demande pardon, & j'ofe
efpérer que vous aurez quelque indulgence
pour une pauvre infenfée, qui ne l'étoit
pas, comme vous favez, avant qu'elle vous
aimât. Adieu, il me femble que je vous
parle trop fouvent de l'état infupportable
où je fuis; cependant je vous remercie,
dans le fond de mon cœur, du défefpoir
que vous me caufez, & je détefte la tranquillité où j'ai vécu avant que je vous con-

nuſſe. Adieu : ma paſſion augmente à chaque moment. Ah! que j'ai de choſes à vous
dire !

RÉPONSE À LA DIXIEME LETTRE.

C'EST maintenant que je connois bien ce
que j'ai perdu, & la haute félicité dont je
ſuis déchu. Je n'aurois jamais cru que l'abſence fût un ſi grand mal, & qu'elle cauſât
tant d'ennuis, lors même qu'elle ſemble devoir donner quelques plaiſirs. J'ai quitté la
choſe du monde qui m'étoit encore la plus
chere : je prévoyois bien quelque choſe de
fâcheux & de cruel dans cette ſéparation ;
mais je croyois que ſes rigueurs ſeroient
beaucoup adoucies par l'aſſurance dans laquelle je ſerois de votre amour, & par celle
que je vous donnerois de la continuation du
mien. Je croyois, lorſque je vous voyois
tous les jours, qu'avec toutes ces conditions je pourrois un jour ne pas vous voir
ſans être extraordinairement malheureux ;
cependant je vois bien le contraire de ce
que je m'étois imaginé. Il n'eſt rien que de
funeſte dans l'abſence, rien n'en peut ſoulager les douleurs, & les remedes de ces maux
different bien peu des maux mêmes ; tout
y eſt matiere d'inquiétude & de déſeſpoir.

J'ai bien le plaifir de vous aimer; mais, hélas! le puis-je dire fans vous offenfer? qu'il
eft petit, qu'il eft médiocre, ce plaifir, &
qu'il eft peu capable de diffiper les ennuis
& les craintes qui m'environnent inceffamment! J'ai le plaifir de vous aimer, mais ai-je
celui de vous le dire? ai-je celui de vous le
perfuader par mes ferments, ou par mes actions? ai-je celui de vous voir ou me croire, ou en douter, pour pouvoir ou vous re-
mercier, ou vous raffurer? ai-je le plaifir
de paffer quelques heures auprès de vous,
de vous parler, de vous ouïr? & fans tout
cela, Mariane, y a-t-il du plaifir à aimer?
Difons donc que je n'ai pas le plaifir d'aimer; mais que j'ai celui de fouffrir pour
vous, qui effectivement me foulage dans
mes plus grands malheurs. Vous me direz
que j'ai du moins la fatisfaction d'être affuré
que vous m'aimez: pardonnez-moi encore
fi je dis que cette fatisfaction eft bien légere, & a bien peu de fondement. Je ne
m'en rapporte qu'à vous: fi les fentiments
que j'ai vus dans vos Lettres font véritables, en êtes-vous plus contente? goûtez-
vous de grands plaifirs fur ce que je vous
ai dit & juré mille fois que je vous aimerois
toujours & par-tout, & que les faveurs de
la bonne fortune, ni les caprices de la mauvaife, n'apporteroient aucun changement à

F ij

ma paffion? En avez-vous paffé pour tous cela des moments plus tranquilles? M'en avez-vous moins foupçonné d'infidélité? En avez-vous moins fouffert de douleurs? & croyez-vous que je fois plus exempt de jaloufie que vous, ou que je fois plus affuré de vos paroles, que vous des miennes? Ah! je vous aimerois moins que vous ne m'aimez, fi je vous en croyois plus que vous ne m'en croyez. Sachez donc que j'ai mes craintes & mes foupçons auffi-bien que vous, qui me dérobent toute ma vie, & qui ne me laiffent pas un moment en repos. Je tremble de perdre ce que j'ai tant pris de plaifir à acquérir & à conferver; j'appréhende que vous ne vous donniez à quelque autre, & que pendant que je fouffre inceffamment à cinq cents lieues de vous, vous ne riiez avec quelque autre de l'etat pitoyable où vous vous perfuadez bien que je fuis. Confidérez un peu fi mes appréhenfions font fans fondement: je fais que vous m'avez aimé, que vous m'avez même tendrement aimé, que vous n'avez pas exigé de moi de grands ni de longs empreffements pour être perfua-dée de ma flamme, & pour me donner vo-tre cœur. Qui me répondra que je ne perde pas avec une égale facilité ce que j'ai ga-gné avec fi peu de peine, & que huit jours d'abfence ne m'ôtent pas ce que huit jours

de préfence me donnerent ? Vous me foupçonnez bien avec beaucoup moins de fujet :
s'il eft des femmes en France, il eft des hommes en Portugal ; & mille perfonnes peuvent vous aimer, au-lieu que je ne puis aimer perfonne. Que je reçus de chagrin,
quand j'appris que l'on vous avoit fait Portiere dans votre Couvent ! quelles penfées
ne roulerent pas alors dans mon efprit ! Hélas ! dis-je en moi-même, chacun verra ces
beaux yeux qui me donnerent tant d'amour ;
& qui pourra les voir fans en prendre ! Oui,
chacun pourra l'aimer, & Mariane, aimée
de tout le monde, ne pourra-t-elle aimer
perfonne ? L'Officier qui me rendit votre
Lettre, me confirma puiffamment dans mes
foupçons. Il me dit que vous n'aviez pas toujours les yeux attachés fur mon portrait,
comme vous avez voulu me le perfuader ;
qu'il y avoit quelques perfonnes dont les vi-
fites fréquentes ne vous déplaifoient pas,
& à qui vous plaifiez infiniment. Que ce
rapport me caufa d'étranges mouvements !
Quelquefois je ne pouvois affez vous accufer, & le plus fouvent je ne pouvois affez
m'accufer. Je l'ai abandonnée, difois-je,
pourquoi ne m'abandonnera-t-elle pas ? Je
l'aime pourtant encore, reprenois-je, pourquoi ne m'aimera-t-elle pas ? & fi je n'aime
qu'elle, pourquoi en aimera-t elle d'autres

que moi? Ces fentiments de jaloufie ont
caufé dans mon ame un défordre, que je
ne puis comparer qu'à celui que me cau-
ferent en même-temps vos reproches. J'y
vis effectivement des témoignages d'amour,
que je n'ofai pas foupçonner de feinte, ni
de déguifement, mais que j'accufai d'injuftice. Pourquoi partis-je, me dites-vous? Hélas ! l'ignorez-vous, & que votre intérêt
fe joignit au mien pour m'obliger à partir?
L'éclat qu'avoit fait notre amour, nous obli-
geoit à quelque ménagement ; nous n'en
étions capables ni l'un ni l'autre. Un vaiffeau part; il eft vrai, je profitai de cette occafion ; vous le fûtes, nous en fûmes également affligés, quoique les fuites de ce départ ne nous fuffent pas entiérement connues. Vous dites que je témoignai de la froideur à cette féparation ; oui, Mariane, je l'a-
voue, mes fens m'abandonnerent, ma cha-
leur me quitta, & je parus dans un état
à faire défefpérer ceux qui me voyoient,
non-feulement de ma fanté, mais encore
de ma vie ; & la froideur que j'eus quand
nous nous féparâmes, étoit de celles qui
fuivent la féparation de l'ame & du corps.
Ni mon devoir, ni mon honneur, ni ma fortune n'étoient pas ce qui m'obligea à vous
quitter ; j'étois plus attaché à vous qu'à toutes les chofes du monde ; je vous devois

mes foins. L'honneur d'être souffert auprès
de vous, étoit le feul où j'afpirois; & j'a-
vois moins d'amour pour ma fortune, que
d'envie de trouver quelque bonne fortune
dans mon amour; mais votre intérêt fe joi-
gnant au mien, votre honneur & votre devoir dépendant en quelque maniere de mon
départ, ce que vous me faifiez connoître fi
fouvent, en difant que *je vous rendois malheureufe;* en falloit il davantage pour m'o-
bliger à m'éloigner, à m'expofer à tous les
tourments pour vous en épargner, à m'expofer aux fouffrances pour vous en délivrer?
Enfin, je partis, je m'éloignai, nous nous féparâmes. Ah! cruel départ, funefte éloignement, mortelle féparation! J'eus continuel-
lement les yeux tournés du côté de votre
Couvent, mon cœur y pouffoit tous fes foupirs, mon ame fit tous fes efforts pour s'y
envoler. Hélas! depuis ce jour je n'ai eu
que malheurs, que chagrin, que triftesse;
notre vaiffeau fut battu de la tempête, &,
comme vous l'avez fu, nous fûmes contraints de relâcher au Royaume d'Algarve.
Je n'ai jamais eu plus de fermeté que dans
cette tempête, je ne craignois la mer ni
les vents; tout ce que je pouvois craindre
étoit arrivé, c'étoit notre éloignement. Je
n'appréhendois point, comme les autres,
de faire aucune perte; j'avois tout perdu

F iv

en vous quittant. Que j'eusse été fortuné, si
j'eusse pu me perdre moi-même, après vous
avoir abandonnée ! Hélas ! j'étois réservé à
de plus grands déplaisirs : ils ne devoient
pas finir sitôt, & ma vie ne fut prolongée
que pour prolonger mes afflictions. Combien en ai-je supporté depuis ? Comme si
ce n'eût pas été assez des miennes, il m'a
fallu encore essuyer les vôtres : j'ai pleuré ;
& quand j'ai cru que votre amour vous faisoit souffrir pour moi, quand j'ai cru que
vous m'oubliez, j'ai soupiré avec vous, j'ai
souffert avec vous, j'ai failli à mourir avec
vous : & ce qui m'a le plus touché, c'est
que, lors même que je vous ai cru infidelle, j'ai soupiré tout seul, j'ai souffert tout
seul, j'ai failli à mourir tout seul. Je suis encore dans cet état, je suis flottant entre l'espérance d'être aimé, & la crainte de ne l'ê-
tre plus. Votre Lettre semble bien me ras-
surer un peu ; mais, hélas ! qu'est-ce qu'une
Lettre ? Vous m'y demandez le portrait &
des lettres de ma nouvelle Maîtresse. Non,
Mariane, je ne vous les enverrai point, je
les estime trop, & ce sont des gages trop
précieux pour m'en vouloir défaire. Votre
portrait, (car c'est celui de la nouvelle Maîtresse) me fait goûter de trop agréables moments ; je ne m'en saurois passer, sur-tout
depuis que j'ai appris que le mien ne fait plus

qu'une partie de vos occupations. Je paffe
les jours entiers au devant du vôtre, & je
me repais de cette image, dans le malheur
qui me prive de la préfence de l'original.
Vos Lettres, qui font un fecond portrait de
votre ame, me font trop favorables, & je
ne m'en déferai jamais. Voilà comment je
réponds à votre jaloufie, fi peu jufte & fi
mal fondée. En vérité, croyez-vous que je
vouluffe m'engager à une nouvelle inclination, qui ne me fauroit promettre tant de
plaifirs que la vôtre, & qui pourroit me caufer autant d'ennuis? Non, Mariane, je mourrai avec la paffion que vous m'avez infpirée;
je ne la quitterai jamais, je n'en prendrai
jamais d'autre; & je vous témoignerai par
mes actions toutes paffionnées, & par des
effets qui peut-être vous furprendront, que
vous avez plus de raifon que vous ne penfez, de ne plus me prier de vous aimer.
Adieu.

XI. LETTRE.

VOTRE Lieutenant vient de me dire,
qu'une tempête vous a obligé de relâcher
au Royaume d'Algarve. Je crains que vous
n'ayez beaucoup fouffert fur la mer, &

cette appréhenfion m'a tellement occupée,
que je n'ai plus penfé à tous mes maux.
Etes-vous bien perfuadé que votre Lieutenant prenne plus de part que moi à tout ce
qui vous arrive? Pourquoi en eft-il mieux
informé, & enfin pourquoi ne m'avez-vous
point écrit? Je fuis bien malheureufe, fi
vous n'en avez trouvé aucune occafion depuis votre départ; & je le fuis bien davantage, fi vous en avez trouvé fans m'é-
crire. Votre injuftice & votre ingratitude
font extrêmes, mais je ferois au défefpoir
fi elles vous attiroient quelque malheur,
& j'aime beaucoup mieux qu'elles demeu-
rent fans punition, que fi j'en étois ven-
gée. Je réfifte à toutes les apparences qui
me devroient perfuader que vous ne m'aimez guères, & je fens bien plus de difpofition à m'abandonner aveuglément à
ma paffion, qu'aux raifons que vous me
donnez de me plaindre de votre peu de
foin. Que vous m'auriez épargné d'inquiétudes, fi votre procédé eût été auffi languiffant les premiers jours que je vous vis, qu'il
m'a paru depuis quelque temps ! Mais qui
n'auroit été abufée, comme moi, par tant
d'empreffements; & à qui n'euffent-ils pas
paru finceres? Qu'on a de peine à fe réfoudre à foupçonner long-temps la bonne foi
de ceux qu'on aime ! Je vois bien que la

moindre excuse vous suffit; &, sans que
vous preniez le soin de m'en faire, l'amour
que j'ai pour vous vous sert si fidélement,
que je ne puis consentir à vous trouver
coupable, que pour jouir du sensible plaisir
de vous justifier moi-même. Vous m'avez
engagée par vos assiduités, vous m'avez enflammée par vos transports, vous m'avez
charmée par vos complaisances, vous m'a-
vez assurée par vos serments, mon inclination violente m'a séduite, & les suites de ces
commencements si agréables & si heureux
ne sont que des larmes, que des soupirs, &
qu'une mort funeste, sans que je puisse y apporter aucun remede. Il est vrai que j'ai eu
des plaisirs bien surprenants en vous aimant;
mais ils me coûtent d'étranges douleurs, &
tous les mouvements que vous me causez
sont extrêmes. Si j'avois résisté avec opiniâtreté à votre amour, si je vous avois donné
quelque sujet de chagrin & de jalousie pour
vous enflammer davantage, si vous aviez
remarqué quelque ménagement artificieux
dans ma conduire, si j'avois enfin voulu
opposer ma raison à l'inclination naturelle
que j'ai pour vous, dont vous me fîtes bientôt appercevoir, (quoique mes efforts eussent été, sans doute, inutiles) vous pourriez me punir sévérement, & vous servir
de votre pouvoir. Mais vous me parûtes

aimable, avant que vous m'eussiez dit que
vous m'aimiez; vous me témoignâtes une
grande passion, j'en fus ravie, & je m'a-
bandonnai à vous aimer éperdument. Vous
n'étiez point aveuglé comme moi; pourquoi avez-vous donc souffert que je devinsse
en l'état où je me trouve? Qu'est ce que
vous vouliez faire de tous mes emportements, qui ne pouvoient vous être que
très-importuns? Vous saviez bien que vous
ne seriez pas toujours en Portugal; & pourquoi m'y avez-vous voulu choisir pour me
rendre si malheureuse? Vous eussiez trouvé, sans doute, en ce pays quelque femme
qui eût été plus belle, avec laquelle vous
eussiez eu autant de plaisir, puisque vous
n'en cherchiez que de grossiers, qui vous
eût fidélement aimé aussi long-temps qu'elle
vous eût vu; que le temps eût pu consoler
de votre absence, & que vous auriez pu
quitter sans perfidie & sans cruauté. Ce
procédé est bien plus d'un tyran attaché
à persécuter, que d'un Amant qui ne doit
penser qu'à plaire. Hélas! pourquoi exer-
cez-vous tant de rigueur sur un cœur qui
est à vous? Je vois bien que vous êtes aussi
facile à vous laisser persuader contre moi,
que je l'ai été à me laisser persuader en votre faveur. J'aurois résisté, sans avoir besoin
de tout mon amour, & sans m'appercevoir

que j'euſſe rien fait d'extraordinaire, à de plus grandes raiſons que ne peuvent être celles qui vous ont obligé à me quitter. Elles m'euſſent paru bien foibles, & il n'y en a point qui euſſent jamais pu m'arracher d'auprès de vous; mais vous avez voulu profiter des prétextes que vous avez trouvés de retournet en France. Un vaiſſeau partoit; que ne le laiſſiez-vous partir? Votre famille vous avoit écrit, ne ſavez-vous pas toutes les perſécutions que j'ai ſouffertes de la mienne? Votre honneur vous engageoit à m'abandonner; ai je pris quelque ſoin du mien? Vous étiez obligé d'aller ſervir votre Roi, ſi tout ce qu'on dit de lui eſt vrai, il n'a aucun beſoin de votre ſecours, & il vous auroit excuſé. J'euſſe été trop heureuſe, ſi nous avions paſſé notre vie enſemble; mais puiſqu'il falloit qu'une abſence cruelle nous ſéparât, il me ſemble que je dois être bienaiſe de n'avoir pas été infidelle, & je ne voudrois pas, pour toutes les choſes du monde, avoir commis une action ſi noire. Quoi! vous avez connu le fond de mon cœur & de ma tendreſſe, & vous avez pu vous réſoudre à me laiſſer pour jamais, & à m'expoſer aux frayeurs que je dois avoir, que vous ne vous ſouveniez plus de moi que pour me ſacrifier à une nouvelle paſſion? Je vois bien que je vous aime comme une folle; cependant je ne me plains point de toute la violence des mouvements de mon cœur. Je m'accoutume à ces perfécutions, & je ne pourrois vivre fans un plaifir que je découvre, & dont je jouis en vous aimant au milieu de mille douleurs; mais je fuis fans cesse perfécutée avec un extrême défagrément, par la haine & par le dégoût que j'ai pour toutes chofes. Ma famille, mes amis, & ce Couvent me font infupportables, tout ce que je fuis obligée de voir, & tout ce qu'il faut que je fasse de toute néceffité, m'eft odieux. Je fuis fi jaloufe de ma paffion, qu'il femble que toutes mes actions & que tous mes devoirs vous regardent. Oui, je me fais quelque fcrupule, fi je n'emploie tous les moments de ma vie pour vous. Que ferois-je, hélas, fans tant de haine, & fans tant d'amour qui rempliffent mon cœur ! Pourrois-je furvivre à ce qui m'occupe inceffamment, pour mener une vie tranquille & languiffante ! Ce vuide & cette infenfibilité ne peuvent me convenir. Tout le monde s'eft appeiçu du changement entier de mon humeur, de mes manieres & de ma perfonne. Ma mere m'en a parlé avec aigreur, & enfuite avec quelque bonté; je ne fais ce que je lui ai répondu; il me femble que je lui ai tout avoué. Les Religieufes les plus féveres ont pitié de l'état où je fuis ; il leur donne même quelque confidération & quelque ménagement pour moi. Tout le monde eſt touché de mon amour, & vous demeurez dans une profonde indifférence, ſans m'écrire que des Lettres froides, pleines de redites. La moitié du papier n'eſt pas rempli, & il paroît groſſiérement que vous mourez d'envie de les avoir achevées. Donna Brites me perſécuta ces jours paſſés pour me faire ſortir de ma chambre ; &, croyant me divertir, elle me mena promener ſur le Balcon, d'où l'on voit Mertola. Je la ſuivis, & je fus auſſi-tôt frappée d'un ſouvenir cruel qui me fit pleurer tout le reſte du jour. Elle me ramena, & je me jettai ſur mon lit, où je fis mille réflexions ſur le peu d'apparence que je vois de guérir jamais. Ce qu'on fait pour me ſoulager, aigrit ma douleur, & je trouve dans les remedes mêmes des raiſons particulieres de m'affliger. Je vous ai vu ſouvent paſſer en ce lieu avec un air qui me charmoit, & j'étois ſur ce Balcon le jour fatal que je commençai à ſentir les premiers effets de ma paſſion malheureuſe. Il me ſembla que vous vouliez me plaire, quoique vous ne me connuſſiez pas. Je me perſuadai que vous m'aviez remarquée entre toutes celles qui étoient avec moi ; je m'imaginai que lorſque vous vous arrêtiez,

vous étiez bien-aife que je vous viffe mieux,
& que j'admiraffe votre adreffe & votre
bonne grace lorfque vous pouffiez votre
cheval. J'étois furprife de quelque frayeur,
lorfque vous le faifiez paffer dans un endroit
difficile, enfin je m'intéreffois fecrétement
à toutes vos actions; je fentois bien que
vous ne m'étiez point indifférent, & je prenois pour moi tout ce que vous faifiez. Vous
ne connoiffez que trop les fuites de ces
commencements; & quoique je n'aie rien
à ménager, je ne dois pas vous les écrire,
de crainte de vous rendre plus coupable,
s'il eft poffible, que vous ne l'êtes, & d'a-
voir à me reprocher qu'après tant d'efforts
inutiles pour vous obliger à m'être fidele,
vous ne le ferez point. Puis-je efpérer de
mes Lettres & de mes reproches ce que
mon amour & mon abandonnement n'ont
pu fur votre ingratitude? Je fuis trop affurée de mon malheur, votre procédé injufte
ne me laiffe pas la moindre raifon d'en douter, & je dois tout appréhender, puifque
vous m'avez abandonnée. N'aurez-vous de
charmes que pour moi, & ne paroîtrez vous
pas agréable à d'autres yeux? Je crois que
je ne ferai pas fâchée que les fentiments des
autres juftifient les miens en quelque façon,
& je voudrois que toutes les femmes de
France vous trouvaffent aimable, qu'au-

cune ne vous aimât, & qu'aucune ne vous
plût. Ce projet eft ridicule & impoſſible ;
néanmoins j'ai affez éprouvé que vous n'ê-
tes guere capable d'un grand attachement,
que vous pourrez bien m'oublier ſans aucun ſecours, & ſans y être contraint par
une nouvelle paſſion. Peut-être voudrois-
je que vous euſſiez quelque prétexte rai-
ſonnable : il eſt vrai que je ſerois plus malheureuſe ; mais vous ne ſeriez pas ſi coupable. Je vois bien que vous demeurerez
en France ſans de grands plaiſirs, avec une
entiere liberté, la fatigue d'un long voyage, quelque petite bienſéance, & la crainte
de ne répondre pas à mes tranſports, vous
retiennent. Ah ! ne m'appréhendez point.
Je me contenterai de vous voir de temps
en temps, & de ſavoir ſeulement que nous
ſommes en même lieu. Mais je me flatte
peut-être, & vous ſerez plus touché de la
rigueur & de la ſévérité d'une autre, que
vous ne l'avez été de mes faveurs. Eſt-il
poſſible que vous ſoyez enflammé par de
mauvais traitements ? Mais avant que de
vous engager dans une grande paſſion, pen-
ſez bien à l'excès de mes douleurs, à l'incertitude de mes projets, à la diverſité de mes
mouvements, à l'extravagance de mes Lettres, à mes confiances, à mes déſeſpoirs,
à mes ſouhaits, à ma jalouſie. Ah ! vous

allez vous rendre malheureux. Je vous conjure de profiter de l'état où je fuis, & qu'au moins ce que je fouffre pour vous ne vous foit pas inutile. Vous me fîtes, il y a cinq ou fix mois, une fâcheufe confidence, & vous m'avouâtes de trop bonne foi que vous aviez aimé une Dame en votre Pays. Si elle vous empêche de revenir, mandez-le-moi fans ménagement, afin que je ne languiffe plus. Quelque refte d'efpérance me foutient encore, & je ferai bien-aife (fi elle ne doit avoir aucune fuite) de la perdre tout-à-fait, & de me perdre moi-même. Envoyez-moi fon portrait avec quelqu'une de fes Lettres, & écrivez moi tout ce qu'elle vous dit. J'y trouverai peut-être des raifons de me confoler, ou de m'affl ger davantage : je ne puis demeurer plus long-temps dans l'état où je fuis, & il n'y a point de changement qui ne me foit favorable. Je voudrois auffi avoir le portrait de votre frere & de votre belle-fœur ; tout ce qui vous eft quelque chofe m'eft fort cher, & je fuis entiérement dévouée à ce qui vous touche. Je ne me fuis laiffé aucune difpofition de moi-même ; il y a des momens où il me femble que j'aurois affez de foumiffion pour fervir celle que vous aimez. Vos mauvais traitemens & vos mépris m'ont tellement abattue, que je n'ofe

quelquefois penfer feulement qu'il me femble que je pouriois être jaloufe fans vous
déplaire, & que je crois avoir le plus grand
tort du monde de vous faire des reproches.
Je fuis fouvent convaincue que je ne dois
point vous faire voir avec fureur, comme
je fais, des fentiments que vous défavouez.
Il y a long-temps qu'un Officier attend votre
Lettre : j'avois réfolu de l'écrire d'une maniere à vous la faire recevoir fans dégoût ;
mais elle eft trop extravagante, il faut la
finir. Hélas ! il n'eft pas en mon pouvoir de
m'y réfoudre : il me femble que je vous parle
quand je vous écris, & que vous m'êtes un
peu plus préfent. La premiere ne fera pas
fi longue, ni fi importune ; vous pourrez
l'ouvrir, & la lire fur l'affurance que je vous
donne. Il eft vrai que je ne dois point vous
parler d'une paffion qui vous déplaît, & je
ne vous en parlerai plus. Il y aura un an
dans peu de jours que je m'abandonnai toute
à vous fans ménagement ; votre paffion me
paroiffoit fort ardente & fort fincere, & je
n'euffe jamais penfé que mes faveurs vous
euffent affez rebuté, pour vous obliger à
faire cinq cents lieues, & à vous expofer à
des naufrages pour vous en éloigner. Perfonne ne m'étoit redevable d'un pareil traitement. Vous pouvez vous fouvenir de ma
pudeur, de ma confufion & de mon défor-

dre ; mais vous ne vous souvenez pas de ce qui vous engageoit à m'aimer malgré vous. L'Officier qui doit vous porter cette Lettre, me mande, pour la quatrieme fois, qu'il veut partir. Qu'il est pressant ! il abandonne, sans doute, quelque malheureuse en ce Pays. Adieu · j'ai plus de peine à finir ma Lettre, que vous n'en avez eu à me quitter pour toujours Adieu : je n'ose vous donner mille noms de tendresse, ni m'abandonner, sans contrainte, à tous mes mouvements ; je vous aime mille fois plus que ma vie, mille fois plus que je ne pense. Que vous m'êtes cruel ! Vous ne m'écrivez point ; je n'ai pu m'empêcher de vous dire encore cela : je vais recommencer, & l'Officier partira. Qu'importe, qu'il parte ; j'écris plus pour moi que pour vous. Je ne cherche qu'à me soulager ; aussi-bien la longueur de ma Lettre vous fera peur ; vous ne la lirez point. Qu'est-ce que j'ai fait pour être si malheureuse, & pourquoi avez-vous empoisonné ma vie ? Que ne suis-je née en un autre Pays ! Adieu ; pardonnez-moi. Je n'ose plus vous prier de m'aimer ; voyez où mon destin m'a réduite. Adieu.

RÉPONSE à LA ONZIEME LETTRE.

ENFIN, Mariane, vous ne m'aimez plus, & vous triomphez dans votre Lettre de cette victoire que vous avez obtenue sur votre cœur. Vous ne vous contentez pas même de ne me vouloir plus aimer; vous voulez encore que je ne vous aime plus, & que je ne vous écrive plus. Je trouve que vous avez raison : mon amour vous feroit honte; il vous reprocheroit à tous moments votre perfidie, & mes Lettres, remplies d'une aigreur & d'une passion qui ne leur est pas ordinaire, vous feroient repenti de votre résolution. Mais que je suis insensé! Cette résolution est trop bien affermie pour pouvoir être ébranlée, & ce n'est pas seulement depuis votre derniere Lettre que vous l'avez prise. Si les objets ne sont présents à vos yeux, ils ne le sont jamais à votre mémoire, & vous commençâtes à m'oublier dès que vous commençâtes à perdre tant soit peu mon vaisseau de vue. Je vois maintenant l'origine de ces petites querelles, de ces plaintes & de ces jalousies dont vous remplissiez toutes vos Lettres; c'étoient autant de préparatifs pour ce grand dessein que vous venez d'exécuter si heu-

reufement. Vous vouliez chercher quelque
prétexte légitime à votre inconftance, vous
m'accufiez pour me trahir avec plus de fû-
reté, & vous m'imputiez fauffement une
infidélité, afin d'y trouver une excufe pour
la vôtre. Cruelle ! c'eft donc ainfi que vous
donnez de l'amour fans en prendre, c'eft
ainfi que vous quittez votre paffion, fans
l'ôter à ceux à qui vous en avez donné?
Qui vous eût cru capable d'une pareille
action, qui répond fi peu à vos premiers
emportements, à vos premiers deffeins, &
même à vos premieres Lettres? Que font
devenus ces fentiments fi généreux, & fi
amoureux en même temps, ces plaintes fi
touchantes, ces réfolutions qui m'étoient
fi avantageufes? Infidelle, qu'eft devenu
votre amour, & que voulez-vous que de-
vienne le mien? Ne puis-je pas vous accufer d'être plus légere que le papier fur lequel vous m'avez fait tant & tant de proteftations d'une inviolable fidélité? Belles,
mais vaines proteftations; agréables, mais
trompeufes promeffes ! qu'ai-je fait pour
vous faire dégénérer en mépris, en menaces, & en réfolutions de vengeance? Vous
me menacez, Mariane; que vos menaces
font inutiles en l'état où je fuis préfentement? Vous ne m'en fauriez faire, qui me
puiffent faire appréhender de plus grands

maux que ceux que je reſſens. Non, je n'ai
plus rien à craindre, parce que je n'ai rien
à perdre, & tout eſt perdu, puiſque je perds
Mariane. Quel nouveau déplaiſir me peut-
on cauſer après celui-là? On peut m'ôter
la vie, que m'importe, je ne l'aime point
depuis que vous ne m'aimez plus; je ne
conſidere la vie que comme ce qui prolon-
gera mes malheurs & mon déſeſpoir. Je
ne voulois vivre que pour vous aimer, je
croyois même n'avoir vécu que depuis le
temps que je vous aimois; aujourd'hui que
vous ne voulez plus que je vous aime,
qu'ai-je à faire de la vie? Au moins en
m'ôtant votre amour; en voulant encore
m'obliger à me défaire du mien, vous deviez me laiſſer mon innocence. Ne pouviez-vous devenir coupable ſans m'accuſer,
& falloit-il m'imputer de faux crimes pour
en commettre un véritable en mon endroit?
Hélas! il faut avouer que je ſuis bien malheureux: comme ſi vous avoir quittée &
avec vous tous les plaiſirs, ſi m'être éloigné de cinq cents lieues de tout ce que
j'aimois, ſi vivre dans la crainte de ne plus
vous revoir; comme ſi tout cela, dis-je,
n'étoit pas d'aſſez grands maux, il a fallu
que par un ſurcroît d'affliction, vous m'ayez
ôté votre amour, que pourtant, ſi je l'oſe
dire, j'avois ſi bien mérité, que j'avois ac-

quis par tant de fidélité, par tant d'affiduité,
par tant de complaisance, & qui m'avoit
coûté tant de larmes, tant de douleurs &
tant d'inquiétudes. Vous ne vous contentez
pas encore de cette extrémité; vous ne voulez, ni que je vous aime, ni que je vous
écrive. Ah! Mariane, ce n'est pas en de pareils commandements que j'ai fait vœu de
vous obéir : vous pouvez ne point m'aimer,
& vous y faites ce que vous pouvez; mais
je ne suis pas de même, je ne puis ne vous
aimer pas; & malgré l'injustice de votre procédé, je veux mourir pour Mariane inconftante; puisqu'ainsi que je l'avois résolu, je
ne puis plus vivre pour Mariane fidelle. Je
vous écrirai, & je vous ferai voir tant d'a-
mour & tant d'empressement dans mes Lettres, que peut-être cette profonde tranquillité que vous vous promettez, en fera un
peu émue. Que j'aurai de plaisir si cela peut
arriver, quand j'apprendrai que mes inquiétudes vous en causent, & que du moins
votre repos sera un peu altéré par la perte
entiere du mien ! Je me flatte vainement
de ce petit espoir de vengeance : je vous
suis trop indifférent, vous ne m'aimez plus,
& c'est tout dire; vous ne prenez aucune
part à ce qui peut m'arriver, vous m'impu-
tez même une indifférence que vous avez,
parce que vous me la souhaitiez. Eh bien,

je

je ferai mon possible pour l'avoir; je tâche-
rai de procurer à mon ame cette funeste
paix que je ne puis acquérir qu'en vous
perdant. Hélas! puis je être tranquille sans
vous, & cette quiétude sied-elle bien à une
personne qui a tout perdu, excepté le cruel
ressouvenir de sa perte? Non, je n'aurai
aucun repos, que je ne vous aie obligé à
changer de sentiment; & quand je ne pourrois pas vous obliger à me rendre votre
amour, je me fais fort de vous toucher de
pitié, & de me faire plaindre, si je ne puis
me faire aimer. Qui eût jamais prévu que
de si beaux commencements eussent dû avoir
de si fâcheuses suites, & qu'un amour aussi
ardent qu'étoit le vôtre, dût finir par une
indifférence aussi froide que celle que vous
me témoignez? Je devois pourtant bien m'y
attendre; & si j'avois tant soit peu raison-
né, je ne serois pas surpris du changement
qui vient d'arriver en vous. Votre amour
étoit trop prompt & trop violent pour durer; vous aviez trop d'empressement étant
auprès de moi, pour n'avoir pas de la froideur quand vous n'y seriez plus. D'ailleurs, je devois bien considérer que votre
amour ne dureroit pas si long-temps que
le mien. Le vôtre, comme vous avez bien
su me le reprocher, n'étoit fondé que sur
des qualités très-médiocres qui sont en moi,

Tome I. G

& le mien étoit appuyé ſur mille qualités éminentes que chacun admire en vous. Outre cela, j'aimois une Religieuſe, & cent Proverbes de votre Nation ne m'avertiſſoient-ils pas qu'il n'eſt rien à quoi l'on ſe puiſſe moins fier qu'à l'amour d'une Religieuſe? Vous avez beau faire leur éloge; l'expérience eſt plus forte que vos paroles, & je ne m'étonne point maintenant de ce qu'elles ne ſe reſſouviennent plus d'un homme qu'elles ne voient plus, ni de ce qu'un abſent eſt mort dans leur eſprit. Il n'eſt rien de plus naturel que l'envie que l'on a pour les choſes rares ou défendues; & les hommes étant l'un & l'autre pour une Religieuſe, il n'eſt pas ſurprenant qu'elles en veuillent toujours avoir quelqu'un devant leurs yeux; qu'elles n'aiment que ceux qu'elles voient, & qu'elles ne conſiderent les abſents comme des gens qui ne ſont point, & qui n'ont jamais été. C'eſt par-là que je vous ai perdue en vous perdant de vue : au-lieu qu'une femme du monde, étant chaque jour parmi les hommes, en eſt moins empreſſée, & n'en choiſit qu'un, à qui elle ſe donne toute entiere, & qu'elle aime abſent comme préſent, juſques au dernier ſoupir de ſa vie. Votre ame me paroiſſoit néanmoins trop grande & trop relevée, pour me donner lieu de la ſoupçonner des baſſeſſes du vul-

gaire. Je vous croyois auſſi conſtante que
paſſionnée, je penſois que votre feu ſeroit
auſſi durable qu'il étoit ardent; mais je vois
bien le contraire de ce que je m'étois imaginé. Qu'il eſt difficile en amour de ne pas
croire ce que l'on ſouhaite ! Cependant j'ai
reçu des Lettres, un portrait & des bracelets que vous m'avez renvoyés. Pourquoi
me les renvoyer ? que ne les brûliez vous ?
je me pourrois figurer mon malheur moins
grand qu'il n'eſt, & me flatter que vous les
auriez gardés. Que ne les avez-vous effectivement gardés ? Appréhendiez-vous qu'ils
ne vous fiſſent reſſouvenir d'un homme que
vous ne voulez plus aimer, & que vous ne
voulez plus croire d'avoir aimé ? Ah ! je
vous réponds qu'ils n'en auroient rien fait;
un portrait ne feroit pas ce que n'a pu faire
l'original. Des Lettres ſont inutiles, où les
ſerments de vive voix ne peuvent rien, &
des bracelets ſont de bien foibles chaînes
pour retenir une perſonne qui ſait ſi bien
rompre ſes réſolutions & ſes promeſſes.
Enfin, je n'en ſerois pas plus aimé, vous
ne m'en auriez pas moins oublié, quand
vous auriez gardé toutes ces choſes. Pour
moi, j'ai votre portrait, que je ne prétends
pas vous renvoyer : ce n'eſt pas que j'aie
beſoin de ſa préſence pour penſer à vous;
votre derniere Lettre ne m'y fait que trop

fonger; je le conferve feulement pour pleurer fur la copie les maux que vous me faites injuftement fouffrir. Ne m'enviez pas cette petite félicité, fi du moins je puis donner ce nom à ce qui ne fera qu'augmenter mes douleurs. Dans mon malheur préfent il me repréfentera ma bonne fortune paffée, & vous favez que la penfée d'un bien qu'on n'a plus, eft un des plus grands maux qui accablent un miférable. Ce fera devant cette copie que je juftifierai toutes mes actions, & que je prendrai de nouvelles forces pour pouvoir fupporter plus conftamment les tourments auxquels vous me deftinez. Si je n'ofe plus vous apprendre que je vous aime, je le dirai à votre portrait; je me plaindrai à lui de votre changement & de votre cruauté, & je pafferai ainfi le refte de ma vie en vous aimant malgré vous, en fouffrant pour vous, & en me plaignant, quoiqu'avec beaucoup de retenue & de modération, de ce que vous traitez avec tant de rigueur & d'inhumanité un homme qui vous adore. Ouvrez cette Lettre, Mariane, ne la brûlez pas fans la lire, ne craignez pas de vous rengager: votre réfolution eft plus forte que mes paroles; vous ne la romprez pas pour fi peu de chofe, & ce n'eft là, ni mon deffein, ni mon efpérance. Tout ce que je prétends, c'eſt de vous y faire voir mon innocence, & la fermeté de mon amour, qui réſiſtera à toutes les attaques que vous pourrez lui donner, comme il a déja réſiſté aux caprices d'une fortune contraire, & aux cruautés d'une ſi longue & ſi fâcheuſe abſence. Vous verrez que je ſuis toujours amant, tantôt de Mariane préſente, tantôt de Mariane abſente; quelquefois de Mariane paſſionnée, quelquefois de Mariane indifférente, de Mariane douce, & de Mariane cruelle; mais toujours de Mariane. Voilà tout ce que je veux vous perſuader, afin que vous donniez quelques plaintes à mes ſouffrances & quelques larmes à mon trépas, lorſque vous en apprendrez l'agréable nouvelle. Adieu.

XII. LETTRE.

Jε vous écris pour la dernière fois, & j'eſpere vous faire connoître par la différence des termes, & de la maniere de cette Lettre, que vous m'avez enfin perſuadée que vous ne m'aimiez plus, & qu'ainſi je ne dois plus vous aimer. Je vous renverrai donc par la premiere voie, tout ce qui me reſte encore de vous. Ne craignez pas que je

vous écrive, je ne mettrai pas même votre
nom fur le paquet; j'ai chargé de tout ce
détail Donna Brites, que j'avois accoutu-
mée à des confidences bien éloignées de
celle-ci. Ses foins me feront moins fufpeéts
que les miens, elle prendra toutes les précautions néceffaires, afin de pouvoir m'affurer que vous aurez reçu le portrait & les
bracelets que vous m'avez donnés. Je veux
cependant que vous fachiez que je me fens,
depuis quelques jours, en état de brûler &
de déchirer ces gages de votre amour, qui
m'étoient fi chers; mais je vous ai fait voir
tant de foibleffe, que vous n'auriez jamais
cru que j'euffe pu devenir capable d'une
telle extrêmité. Je veux donc jouir de toute
la peine que j'ai eue à m'en féparer, &
vous donner au moins quelque dépit. Je
vous avoue, à ma honte & à la vôtre, que
je me fuis trouvé plus attachée que je ne
veux vous le dire, à ces bagatelles; que j'ai
fenti que j'avois un nouveau befoin de toutes mes réflexions pour me défaire de cha-
cune en particulier, lors même que je me
flattois de n'être plus attachée à vous. Mais
on vient à bout de tout ce qu'on veut, avec
tant de raifons. Je les ai mifes entre les
mains de Donna Brites. Que cette réfolution m'a coûté de larmes! Après mille mouvements & mille incertitudes que vous ne

connoiffez pas, & dont je ne vous rendrai
pas compte affurément, je l'ai conjurée de
ne m'en jamais parler, de ne me les jamais
rendre, quand même je les demanderois
pour les revoir encore une fois, & de vous
les renvoyer enfin fans m'en avertir. Je n'ai
bien connu l'excès de mon amour que depuis que j'ai voulu faire tous mes efforts
pour m'en guérir, & je crains que je n'euffe
ofé l'entreprendre, fi j'euffe pu prévoir tant
de difficultés & tant de violences. Je fuis
perfuadée que j'euffe fenti des mouvements
moins défagréables en vous aimant, tout
ingrat que vous êtes, qu'en vous quittant
pour toujours. J'ai éprouvé que vous m'é-
tiez moins cher que ma paffion, & j'ai eu
d'étranges peines à combattre, après que
vos procédés injurieux m'ont rendu votre
perfonne odieufe. L'orgueil ordinaire de
mon fexe ne m'a point aidée à prendre des
réfolutions contre vous. Hélas! j'ai fouffert
vos mépris, j'euffe fupporté votre haine,
& toute la jaloufie que m'eût donnée l'attachement que vous euffiez pu avoir pour
une autre. J'aurois eu au moins quelque
paffion à combattre; mais votre indifférence
m'eft infupportable, vos impertinentes proteftations d'amitié, & les civilités ridicules
de votre dernière Lettre, m'ont fait voir
que vous aviez reçu toutes celles que je

G iv

vous ai écrites; qu'elles n'ont caufé dans votre cœur aucuns mouvements, & que cependant vous les avez lues. Ingrat ! je fuis encore affez folle pour être au défefpoir de ne pouvoir me flatter qu'elles ne foient pas venues jufqu'à vous, & qu'on ne vous les ait pas rendues. Je détefte votre bonne foi : vous avois-je prié de me mander fincérement la vérité ? Que ne me laiffiez-vous ma paffion ? Vous n'aviez qu'à ne me point écrire, je ne cherchois pas à être éclaircie. Ne fuis-je pas bien malheureufe de n'avoir pu vous obliger à prendre quelque foin dè me tromper, & de n'être plus en état de vous excufer ? Sachez que je m'apperçois que vous êtes indigne de tous mes fentiments, & que je connois toutes vos méchantes qualités. Cependant fi tout ce que j'ai fait pour vous, peut mériter que vous ayez quelques petits égards pour les graces que je vous demande, je vous conjure de ne plus m'écrire, & de m'aider à vous oublier entiérement Si vous me témoigniez, foiblement même, que vous avez eu quelque peine en lifant cette Lettre, je vous croirois peut-être, & peut-être auffi votre aveu & votre confentement me donneroient du dépit & de la colere, & tout cela pourroit m'enflammer. Ne vous mêlez donc point de ma conduite ; vous ren-

verferiez, fans doute, tous mes projets, de
quelque maniere que vous vouluffiez y entrer. Je ne veux point favoir le fuccès de
cette Lettre; ne troublez pas l'état que je
me prépare. Il me femble que vous pouviez être content des maux que vous me
caufez, quelque deffein que vous euffiez
fait de me rendre malheureufe. Ne m'ôtez
point de mon incertitude; j'efpere que j'en
ferai, avec le temps, quelque chofe de tranquille. Je vous promets de ne vous point
haïr; je me défie trop des fentiments violents pour ofer l'entreprendie. Je fuis perfuadée que je trouverois peut-être en ce
Pays un amant plus fidele & mieux fait;
mais, hélas! qui pourra me donner de l'a-
mour? La paffion d'un autre m'occupera-
t-elle? La mienne a-t-elle pu quelque chofe
fur vous? N'éprouvé-je pas qu'un cœur attendri n'oublie jamais ce qui l'a fait appercevoir des tranfports qu'il ne connoiffoit
pas, & dont il étoit capable; que tous fes
mouvements font attachés à l'Idole qu'il
s'eft faite, que fes premieres idées & que
fes premieres bleffuies ne peuvent être, ni
guéries, ni effacées; que toutes les paffions
qui s'offrent à fon fecours, & qui font des
efforts pour le remplir & pour le rencontrer, lui promettent vainement une fenfibi-
lité qu'il ne retrouve plus, que tous les plai-

firs qu'il cherche fans aucune envie de les
rencontrer, ne fervent qu'à lui faire bien
connoître que rien ne lui eft fi cher que le
fouvenir de fes douleurs ? Pourquoi m'a-
vez vous fait connoître l'imperfection & le
défagrément d'un attachement qui ne doit
pas durer éternellement, & les malheurs
qui fuivent un amour violent, lorfqu'il n'eft
pas réciproque ? Et pourquoi une inclination aveugle, & une cruelle deftinée s'at-
tachent-elles d'ordinaire à nous déterminer
pour ceux qui feroient fenfibles pour quelque autre ? Quand même je pourrois efpérer quelque amufement dans un nouvel engagement, & que je trouverois quelqu'un
de bonne foi, j'ai tant de pitié de moi-
même, que je ferois beaucoup de fcrupule
de mettre le dernier homme du monde en
l'état où vous m'avez réduite ; & quoique
je ne fois pas obligée à vous ménager, je
ne pourrois me réfoudre à exercer fur vous
une vengeance fi cruelle, quand même elle
dépendroit de moi, par un changement que
je ne prévois pas. Je cherche dans ce moment à vous excufer, & je comprends bien
qu'une Religieufe n'eft d'ordinaire guères
aimable. Cependant il femble que fi on
étoit capable de raifon, dans les choix qu'on
fait, on devroit plutôt s'attacher à elles
qu'aux autres femmes. Rien ne les empê-

che de penser inceſſamment à leur paſſion;
elles ne ſont point détournées, par mille
choſes qui diſſipent & qui occupent dans
le monde. Il me ſemble qu'il n'eſt pas fort
agréable de voir celles qu'on aime, toujours diſtraites par mille bagatelles; & il
faut peu de délicateſſe pour ſouffrir, ſans en
être au déſeſpoir, qu'elles ne parlent que
d'aſſemblées, d'ajuſtements & de prome-
nades. On eſt ſans ceſſe expoſé à de nouvelles jalouſies : elles ſont obligées à des
égards, à des complaiſances, à des conver-
ſations; qui peut s'aſſurer qu'elles n'ont aucun plaiſir dans toutes ces occaſions, &
qu'elles ſouffrent toujours leurs maris avec
un extrême dégoût, & ſans aucun conſentement? Ah! qu'elles doivent ſe défier d'un
amant qui ne leur fait pas rendre un compte
bien exact là-deſſus, qui croit aiſément &
ſans inquiétude ce qu'elles lui diſent, &
qui les voit, avec beaucoup de confiance
& de tranquillité, ſujettes à tous ces devoirs ! Mais je ne prétends pas vous prouver par de bonnes raiſons que vous deviez
m'aimer; ce ſont de très-méchants moyens,
& j'en ai employé de beaucoup meilleurs
qui ne m'ont pas réuſſi. Je connois trop
bien mon deſtin, pour tâcher à le ſurmon-
ter, je ſerai malheureuſe toute ma vie : ne
l'étois je pas en vous voyant tous les jours?

Je mourois de frayeur que vous ne fuſſiez
pas fidele; je voulois vous voir à tous moments, & cela n'étoit pas poſſible; j'étois
troublée par le péril que vous couriez en
entrant dans ce Couvent; je ne vivois pas,
lorſque vous étiez à l'armée; j'étois au déſeſpoir de n'être pas plus belle & plus digne
de vous; je murmurois contre la médio-
crité de ma condition; je croyois ſouvent
que l'attachement que vous paroiſſiez avoir
pour moi, vous pourroit faire quelque tort;
il me ſembloit que je ne vous aimois pas
aſſez, j'appréhendois pour vous la colere
de mes Parents, & j'étois enfin dans un état
auſſi pitoyable qu'eſt celui où je ſuis préſentement. Si vous m'euſſiez donné quelques témoignages de votre paſſion depuis
que vous n'êtes plus en Portugal, j'aurois
fait tous mes efforts pour en ſortir; je me
fuſſe déguiſée pour vous aller trouver. Hélas! qu'eſt-ce que je fuſſe devenue, ſi vous
ne vous fuſſiez plus ſoucié de moi, après
que j'euſſe été en France? Quel déſordre,
quel égarement, quel comble de honte
pour ma famille, qui m'eſt fort chere depuis que je ne vous aime plus! Vous voyez
bien que je connois, de ſang froid, qu'il
étoit poſſible que je fuſſe encore plus à
plaindre que je ne ſuis, & je vous parle au
moins raiſonnablement une fois en ma vie.

Que ma modération vous plaira, & que
vous ferez content de moi! Je ne veux point
le favoir; je vous ai déja prié de ne plus
m'écrire, & je vous en conjure encore. N'a-
vez-vous jamais fait quelque réflexion fur
la maniere dont vous m'avez traitée? Ne
penfez-vous jamais que vous m'avez plus
d'obligation qu'à perfonne du monde? Je
vous ai aimé comme une infenfée; que de
mépris j'ai eu pour toutes chofes! Votre
procédé n'eft point d'un honnête homme:
il faut que vous ayéz eu pour moi de l'a-
verfion naturelle, puifque vous ne m'avez
pas aimé éperdument. Je me fuis laiffé en-
chanter par des qualités très-médiocres.
Qu'avez vous fait qui dût me plaire? Quel
facrifice m'avez-vous fait? N'avez-vous pas
cherché mille autres plaifirs? Avez-vous
renoncé au jeu & à la chaffe? N'êtes-vous
pas parti le premier pour aller a l'armée?
N'en êtes-vous pas revenu après tous les
autres? Vous vous y êtes expofé follement,
quoique je vous euffe prié de vous ménager pour l'amour de moi. Vous n'avez point
cherché les moyens de vous établir en Portugal, où vous étiez eftimé; une Lettre de
votre frere vous en a fait partir, fans hé-
fiter un moment: & n'ai-je pas fu que durant votre voyage vous avez été de la plus
belle humeur du monde? Il faut avouer

que je fuis obligée à vous haïr mortellement. Ah! je me fuis attiré tous mes malheurs · je vous ai d'abord accoutumé à une
grande paffion avec trop de bonne foi, & il
faut de l'artifice pour fe faire aimer, il faut
chercher avec quelque adreffe les moyens
d'enflammer, & l'Amour tout feul ne donne
point de l'amour. Vous vouliez que je vous
aimaffe ; & comme vous aviez formé ce
deffein, il n'y a rien que vous n'euffiez fait
pour y parvenir; vous vous fuffiez même
réfolu à m'aimer, s'il eût été néceffaire ;
mais vous avez connu que vous pouviez
réuffir dans votre entreprife fans paffion, &
que vous n'en aviez aucun befoin. Quelle
perfidie ! Croyez-vous avoir pu impunément me tromper? Si quelque hazard vous
ramenoit en ce Pays, je vous déclare que
je vous livrerois à la vengeance de mes parents. J'ai vécu long-temps dans un abandonnement & dans une idolâtrie qui me
donnent de l'horreur, & mon remords me
perfécute avec une rigueur infupportable.
Je fens vivement la honte des crimes que
vous m'avez fait commettre, & je n'ai plus,
hélas! la paffion qui m'empêchoit d'en connoître l'énormité. Quand eft-ce que je ferai délivrée de cet embarras cruel? Cependant je crois que je ne vous fouhaite point
de mal, & que je me réfoudrois à confen-

tir que vous fuffiez heureux ; mais comment pourriez vous l'être, fi vous aviez le cœur bien fait? Je veux vous écrire une autre Lettre, pour vous faire voir que je ferai peut-être plus tranquille dans quelque temps. Que j'aurai de plaifir de pouvoir vous reprocher vos procédés injuftes, après que je n'en ferai plus fi vivement touchée, & lorfque je vous ferai connoître que je vous méprife, que je parle avec beaucoup d'indifférence de votre trahifon, que j'ai oublié tous mes plaifirs & toutes mes douleurs, & que je ne me fouviens de vous que lorfque je veux m'en fouvenir ' Je demeure d'accord que vous avez de grands avantages fur moi, & que vous m'avez donné une paffion qui m'a fait perdre la raifon; mais vous devez en tirer peu de vanité. J'étois jeune, j'étois crédule : on m'avoit enfermée dans ce Couvent depuis mon enfance ; je n'avois vu que des gens défagréables, je n'avois jamais entendu les louanges que vous me donniez inceffamment; il me fembloit que je vous devois les charmes & la beauté que vous me trouviez, & dont vous me faifiez appercevoir. J'entendois dire du bien de vous, tout le monde me parloit en votre faveur, vous faifiez tout ce qu'il falloit pour me donner de l'amour. Mais je fuis enfin revenue de

cet enchantement; vous m'avez donné de
grands fecours, & j'avoue que j'en avois
un extrême befoin. En vous renvoyant vos
Lettres, je garderai foigneufement les deux
dernieres que vous m'avez écrites, & je
les relirai encore plus fouvent que je n'ai
lu les premieres, afin de ne plus retomber
dans mes foibleffes. Ah! qu'elles me coûtent cher, & que j'aurois été heureufe, fi
vous euffiez voulu fouffrir que je vous euffe
toujours aimé! Je connois bien que je fuis
encore un peu trop occupée de mes reproches & de votre infidélité, mais fouvenez-
vous que je me fuis promis un état plus
paifible, & que j'y parviendrai, ou que je
prendrai contre moi quelque réfolution extrême, que vous apprendrez fans beaucoup
de déplaifir. Mais je ne veux plus rien de
vous; je fuis une folle de redire les mêmes
chofes fi fouvent : il faut vous quitter, &
ne penfer plus à vous. Je crois même que
je ne vous écrirai plus; fuis-je obligée de
vous rendre un compte exact de tous mes
divers mouvements?

NOUVELLES

LETTRES

D'AMOUR,

Fort tendres & fort paſſionnées, de la
Préſidente F.

À Mr. le Baron de B.

NOUVELLES
LETTRES
D'AMOUR.

JE ne croyois pas que la tendreſſe que j'ai pour vous, pût augmenter. La vivacité qu'elle a conſervée au milieu du tumulte du monde, m'avoit perſuadée que la ſolitude n'y pourroit rien ajouter. Mais, hélas! que je me ſuis trompée, & qu'une vie ſolitaire dans les lieux où l'on a vu ce qu'on aime, eſt propre à fortifier une paſſion! la mienne eſt ici d'une ardeur que rien ne peut exprimer: chaque arbre dans ce bois, chaque lieu où je vous ai parlé l'augmente, & je deſire de vous y voir avec une ſi vive ardeur, que ſi vous avez autant d'amour & auſſi peu de raiſon que moi, vous ferez la folie d'y revenir.

AUTRE LETTRE.

VOUS êtes trop malade pour m'écrire de longues Lettres; mais vous ne l'êtes pas

aſſez pour manquer à m'écrire quatre lignes tous les jours. Votre maladie vous a-
t-elle ôté, & les deſirs, & les craintes?
N'en devez-vous point avoir de perdre
mon cœur? Je lui remarque, depuis peu,
des foibleſſes qui m'épouvantent; votre préſence eſt néceſſaire pour le remettre à ſon
devoir; & ſi vous êtes encore long-temps
malade, je ne réponds de rien. Il y a long-
temps que je ſuis bleſſée du peu de diſpoſi-
tion que vous avez à devenir jaloux. Je me
laſſe de ne vous paroître pas digne des ſoins
& des ſentiments qui ne peuvent rendre
une Maîtreſſe infidelle. Je ne veux pas que
la jalouſie d'un amant vienne de la mauvaiſe opinion qu'il a de ſa maîtreſſe, mais
de la violence de ſa paſſion; & ſi vous demeurez davantage dans une profonde certitude de ma fidélité, je vous ferai bien voir
qu'un cœur qui manque d'ardeur & de délicateſſe, n'eſt pas digne du mien, & qu'il
doit le regarder comme un bien précieux
qu'il faut toujours craindre de perdre. Enfin, ſoyez jaloux, ſi vous voulez me faire
croire que vous m'aimez, & que je ne ceſſe
point de vous aimer. Je trouve votre tranquillité ſi injurieuſe, que l'effet de la jalouſie la plus terrible ne me paroît pas un mal
ſi dangereux. Je n'ai jamais été qu'à vous,
& j'y veux être toute ma vie; mais ſoute-

nez ma conſtance, faires qu'elle ſoit un effet de ma paſſion, & non pas de ma vanité Venez par votre vue fortifier des ſentiments qui s'affoıbliſſent; vous me trouverez avec des empreſſements & des ardeurs
qui vous perſuaderont mieux de ma fidélité, que tout ce que je pourrai vous écrire.
Ayez cependant ſoin de votre ſanté, conſervez en vous, & ma vie, & la vôtre; elles
ſont inſéparablement unies. Enfin, je re-
connoîtrai votre amour aux ſoins que vous
prendrez de guérir. N'eſt-il pas juſte que
vous travailliez à diminuer les maux que
vous me cauſez, & que vous veniez m'aider à ſupporter ceux qui ne dépendent que
de vous?

AUTRE LETTRE.

Du Lundi à mon réveil.

JE viens d'être comblée d'une des plus
heureuſes nuits que j'aie paſſees depuis que
nous ne les paſſons plus enſemble. Je vous
ai vu, mon cher Enfant, je vous ai parlé
avec une entiere liberté dans des lieux charmants. La vérité ne fait point de plus fortes impreſſions qu'en a fait cette agréable
illuſion. Pourquoi la réflexion m'en déſa-
buſe-t-elle? Que j'aurois été heureuſe, ſi je
ne m'étois pas réveillée! j'aurois toujours

cru vous voir, & vous dire tout ce que je
fens pour vous. Il me femble même que je
vous parlois avec plus d'ardeur que j'aie jamais fait : la crainte n'avoit point de place
dans nos cœurs, & nous n'avions que les
émotions & les tranfports que donne un
amour parfaitement heureux ; mais les plaifirs ne feront jamais pour nous qu'en fonge : je fuis trop obfervée, pour en goûter
jamais de véritables.

Autre Lettre.

IL eft néceffaire que les mêmes chofes qui
conviennent à l'indifférence, puiffent auffi
être attribuées à un excès d'amour, puifque ce qui fe paffa entre nous, ne m'a pas
fait mourir de honte & de dépit C'eft vainement que je m'efforce de vous flatter ; je
ne puis me défendre de certains foupçons
qui troublent entiérement mon repos. L'a-
mour que vous dites avoir pour moi, devoit-il paroître fous une forme fi languiffante? Ah ! Monfieur, vos vivacités font dans
votre tête, & non pas dans votre cœur.
Vous avez trop d'efprit, quand il n'eft plus
permis d'en faire paroître ; vous n'aimez
pas enfin comme on aime, quand l'amour
eft violent ; cependant je vous aime, fans
que les difficultés de votre paffion puiffent
affoiblir la mienne.

AUTRE LETTRE.

Est-il possible que vous m'aimiez? N'est-ce point un songe? Hélas! qu'il est doux de se pouvoir flatter de ce qu'on souhaite ardemment! Ne craignez plus mes réflexions; elles sont presque entiérement détruites. Je ne fais plus qu'entrevoir que l'on en a affaire, achevez de me rendre folle. Il n'y a que cet état d'heureux; tant que l'on voit la raison, on est à plaindre.

AUTRE LETTRE.

Vous avez raison de me souhaiter dans la solitude où j'ai passé des moments si doux à mon amour; j'y suis encore plus occupée qu'ailleurs de ma passion, & j'y jouis d'une tranquillité que la jalousie ne me permet pas de goûter à Paris. C'est ici que, délivrée de mille complaisances pénibles, je puis m'abandonner toute entiere aux mouvements de mon cœur. Je suis délivrée de la vue de tout ce que je hais; mais, hélas! je n'y vois pas, & je n'ose espérer d'y voir ce que j'aime. Mon cher Enfant, je me trompe: un vif ressouvenir vous rend toujours présent à mon esprit; j'ai cru même plus d'une fois que vous l'étiez à mes yeux.

AUTRE LETTRE.

QUELLE aſſurance vous donner contre le plus injurieux ſoupçon du monde? En croiriez-vous quatre lignes d'écriture, vous qui doutez encore de la vérité de mes ſerments? Ces doux moments de.... ne doivent-ils pas vous raſſurer toujours contre les craintes qui pourroient convenir aux autres Maîtreſſes, mais jamais à la vôtre? Vous ignorez ce que vous valez, & la forte idée que vous laiſſez de vous, puiſque vous croyez que je pourrois ſouffrir un autre que vous, & profaner par un indigne devoir ce qui ne doit être accordé qu'à votre amour.

AUTRE LETTRE.

JE m'éloigne d'un lieu où vous arriverez dans peu de jours. Un long voyage va bientôt nous ſéparer pour long-temps. La douleur que j'ai de n'avoir plus l'eſpérance de vous voir, eſt infinie; mais mon amour n'en eſt pas moins violent, & je vous aime avec une ardeur qui ne cede point à celle qu'inſpirent les plaiſirs aux amants les plus heureux. Mais, hélas! je crains, & mes craintes me paroiſſent juſtes, que vous ne ſoyez bientôt rebuté d'une paſſion qui au-

roit

roit pu à peine faire votre bonheur, quand
nous goûterions des plaisirs tranquilles. Il
faut aimer comme j'aime, pour réfister à
tant de tourments, & vous ne m'avez jamais véritablement aimée. Si vous vous êtes
donné le foin de me le dire, c'a été par une
compaffion que la vérité de mon amour vous
a infpirée. Vous avez refpecté une paffion
dont vous êtes l'objet, & vous avez voulu
la flatter par quelques marques de tendreffe, mais quand j'aurois le malheur de vous
être indifférente, de quoi pourrois-je vous
accufer? Je ne fais que trop par moi-même
que l'amour n'eft pas volontaire. Je n'ai
point, il eft vrai, de véritables fujets de me
plaindre de vous, mais en fuis-jë plus heureufe, & puis je m'accommoder de ne toucher que foiblement votre cœur, pendant
que vous rempliffez le mien tout entier,
que je vous facrifie mon repos & ma gloire, en aimant jufqu'à la folie un homme
dont je ne crois être que médiocrement
aimée?

AUTRE LETTRE.

Nous eûmes hier toute la frayeur que
donne à des femmes l'apparence d'un grand
péril. Nous penfâmes être noyées, & nous
fûmes effectivement en danger de l'être.

L'opinion d'une mort prochaine ne vous
effaça pas un feul moment de mon fouvenir, ni de mon cœur. Ce ne fut que l'idée
d'être féparée éternellement de vous, qui
me la fit paroître affreufe ; de tout ce que
je crus aller perdre, je ne regrettai que
vous, & la nature même ne partagea pas
mes fentiments.

AUTRE LETTRE.

JE m'attendois hier à recevoir de vos nouvelles, & je m'étois flattée que vous con-
tinueriez à m'en donner fouvent. Ne vous
affermirez-vous jamais dans les foins que
vous devez prendre de me plaire ? Vos manieres font fi inégales, qu'il femble que le
perfonnage d'un amant tendre ne vous foit
point naturel. Ne puis-je vous infpirer l'envie de fuivre mon exemple ? Ah ! fi vous
faviez quelle douceur l'on trouve à penfer
toujours à ce que l'on aime, & d'employer,
à lui rendre compte des plus fecrets fentiments de fon cœur, les heures que le commun du monde emploie à une oifiveté en-
nuyeufe, vous feriez plus exact à me donner des marques de votre amour. L'inté-
rê du mien veut que je faffe ma Lettre
fort courte, & que vous compreniez par
le chagrin que vous en aurez, celui que

je dois avoir quand je ne reçois point des vôtres.

AUTRE LETTRE.

JE ne puis différer à vous dire combien je suis contente de vous avoir vu. Vous ne m'avez jamais paru si aimable, & vous ne m'avez jamais si bien persuadé que vous m'aimiez. Cette après-dînée me laisse une joie si vive, que la présence de ceux que je dois haïr mortellement, n'a pu la dissiper Ils n'ont pu parvenir, de toute la soirée, à me mettre de mauvaise humeur, & il me semble que j'aimois tout le monde le jour que je vous ai vu. Adieu, mon cher Enfant, les difficultés que nous avons à nous voir, ne servent qu'à augmenter l'amour que j'ai pour vous, en donnant toujours une nouvelle ardeur à mes desirs, & la passion que nous avons l'un pour l'autre a des plaisirs, que les passions communes & tranquilles ne font jamais sentir.

AUTRE LETTRE.

VOUS me faites mourir, mon cher Enfant, si vous ne me laissez quelques momens de repos. Vous devriez faire scrupule de m'occuper autant que vous faites :

H ij

je n'ai pas fermé l'œil de toute la nuit; vos
charmes, vos regards, ni vos difcours, ne
m'ont point forti de la tête. J'ai penfé à
vous avec des tranfports fi violents, que ma
fanté ne peut plus réfifter à tous les mouvements que l'amour me caufe. J'entendis
hier parler de vous par cette Dame que
vous veniez de quitter. Un de fes amants
étoit avec elle; fes manieres, toutes différentes des vôtres, me firent encore mieux
connoître votre mérite. Je m'applaudis mille
fois en fecret d'aimer, & d'être aimée d'un
amant qui a tant de charmes au-deffus des
autres. Votre paffion me donne un orgueil
qui me rend infupportable, & je ne puis
plus douter que vous ne m'aimiez. Mille
foupçons avoient jufques à préfent com-
battu ma paffion, je n'en ai plus, graces à
l'Amour, qui veut que je m'abandonne à
vous fans crainte. Jouiffez de cette victoire,
mon cher Enfant, & fouhaitez que le So-
leil fe montre plus vîte, pour aller où l'A-
mour doit nous donner la récompenfe due
aux peines que nous venons de fouffrir pour
lui. Avez-vous autant d'envie de la recevoir, que j'en ai de vous la donner? La
defirez-vous avec une ardeur égale à la
mienne? Ah! que l'Amour nous garde de
plaifirs dans ce bienheureux jour! Je vous
en promets qui feront plus fenfibles que

mille Lettres ; non , l'on n'a jamais aimé comme je vous aime.

AUTRE LETTRE.

JE ne pense pas avec moins de plaisir que vous , à l'inutilité des soins que la jalousie a pris pour nous séparer. Quelle seroit la rage de l'homme que vous savez, s'il pouvoit connoître tout ce qui se passe entre nous ? Mais, mon cher Enfant, prenons tant de précautions, qu'il n'en puisse jamais rien découvrir , & faisons notre premiere occupation de notre amour. Peut-on mieux faire que de travailler à se rendre heureux, & peut-on l'être sans aimer, & sans voir une personne que l'on sait qui vous aime uniquement, & qui vous préfere à toute la terre? C'est là le portrait de la passion que j'ai pour vous. Que je serois heureuse, si du même trait j'avois peint la vôtre ! L'espérance de vous voir ce soir, m'a guérie ; je me porte fort bien aujourd'hui. Bon soir, mon cher Enfant, m'aimez vous autant que je vous aime ? car enfin je vous adore.

AUTRE LETTRE.

LA connoissance que j'ai de votre amour, donne une ardeur à la mienne que je n'ai point encore reſſentie, & je vous aime ce qu'on appelle juſqu'à la folie, depuis que j'ai lieu de croire que votre cœur eſt tout à moi. Eſt-il bien vrai qu'il y ſoit, & ne me trompé-je point quand je m'en flatte? Eſt-il auſſi tendre qu'il paroît dans vos Lettres? Ne ſeroient-elles dictées que par votre eſprit? Mais pourquoi douterois-je de votre tendreſſe! L'ardeur de la mienne ne m'aſſure-t-elle pas de la vôtre! Pourriez-vous être aſſez inſenſible, & votre cœur auroit-il aſſez de dureté, pour n'être pas touché d'une perſonne qui a tant ſouffert pour vous? Oui, mon Cher, vous m'aimez, & je vous adore. Que les jaloux s'applaudiſſent de leur vigilance, & qu'ils ſe remercient de la penſée qu'ils ont d'avoir par leurs fureurs détaché nos cœurs l'un de l'autre. N'admirez-vous point comme l'Amour confond tous leurs projets? tout ce qu'ils ont fait contre nous, nous eſt devenu avantageux. Si nous n'avions pas été contraints, nous aurions, ſans doute, trop laiſſé voir nos ſentiments, & j'aurois payé de la perte de ma réputation les plaiſirs d'une paſſion tranquille; mais, graces à leurs ſoins, je la conſerve toute entiere. Goûtons toutes les douceurs de l'amour; pour quelques moments que vous êtes ſans me voir, vous me retrouverez digne de tout l'attachement de votre cœur. Ces contraintes & ces difficultés ont leurs charmes, & depuis deux jours que je vous vois dans des lieux où le langage des yeux est à peine permis, j'ai passé des moments que je ne changerois pas pour ceux que l'on croit les plus sensibles. Quel plaisir, mon cher Enfant, de se dire impunément que l'on s'aime, en présence de mille gens qui ignorent si nous nous connoissons, & quoiqu'ils se piquent cependant d'une finesse infinie dans tous les mysteres d'Amour !.... Si jamais je parviens à quelque mérite, je le devrai à ma passion. Je suis touchée d'émulation pour toutes les femmes qui en ont. L'extrême envie que j'ai de me rendre digne de vous, m'en fait chercher tous les moyens; je ne puis souffrir que ce que vous aimez ne soit parfait. Il y a long-temps que cette maladie me tient, & je l'ai depuis que je vous aime, c'est-à-dire, depuis que j'ai de la raison. Mais je me trompe, je vous aimois avant d'en avoir, & elle n'a commencé à se faire connoître en moi, que par l'inclination naturelle que j'ai toujours eue pour vous.

AUTRE LETTRE.

JE me reproche mes folies comme étant sans exemple; mais je loue le ciel d'ap-

prendre que vous êtes encore plus fou que
moi Je n'ai point cessé depuis hier de penser à vous, & d'en parler. Je passe les
jours & les nuits dans cette agréable occupation, & je l'employerois bien autrement
si la jalousie ne mettoit pas des bornes à
mes desirs. Que vous feriez content de
moi, si vous saviez ce qui se passe dans
mon cœur! Je vous adore, & ce que je
ressens pour vous, est sans doute quelque
chose au delà de l'amour.

AUTRE LETTRE.

JE commence à vous écrire aussi-tôt que
vous venez de me quitter. Pourrois-je être
occupée d'autre chose que de vous, dans
les moments qui succedent à ceux que nous
venons de passer ensemble? Ah ! mon Cher,
au moins puis je en croire les transports
que je vous ai vus, aussi tendres & aussi sensibles que les miens? Mais non, personne
n'a jamais connu comme moi ce que je
viens de sentir : l'amour, pour me récom-
penser de tant de peines, a fait pour moi
des plaisirs tout nouveaux L'impression
qu'ils ont faite sur mes sens, est si vive, que
je n'ai encore osé me laisser voir à personne. Il seroit aisé de démêler d'où me vient
la paresse où je suis; mais mon mari entre.

Dieux! quelle cruauté d'être obligée de
voir ce que l'on hait, en quittant ce que
l'on aime! Comment me présenterai-je à
ses yeux dans l'état où je suis? Il faut que
je rappelle la crainte & la pudeur que vous
aviez écartées.

Deux heures après.

La conversation que je viens d'essuyer,
est l'épine des roses. Quel supplice, grands
Dieux, d'entretenir un homme, de sang
froid, dans le temps que l'on est si éloigné
d'en avoir! Pleine de vous, & du souvenir
de nos plaisirs, que pouvois-je lui dire? Je
lui ai dit en deux mots que je m'étois trou-
vée fort mal toute l'après-dînée, & je me
suis mise tout aussi-tôt à chanter sans penser
à la contradiction entre ces mouvements de
joie, & ce que je venois de lui dire. Pourrois-je être sage aujourd'hui, & penser à
autre chose qu'à vous? Mais vous, mon
cher enfant, au moment que je vous écris,
quelles sont vos occupations? Pour moi,
je pense à vous dans le même lieu où vous
m'assuriez d'une fidélité éternelle. Qu'il est
doux de triompher ainsi de la vigilance
des jaloux, & quelle seroit leur rage, s'ils
connoissoient notre bonheur! Il me semble
qu'il y manque quelque chose, puisqu'ils

H v

n'ont pas la douleur de favoir comment nous les trompons. Difons-le-leur pour nous venger; mais non, qu'il n'y ait jamais que nous qui connoîffions nos plaifirs. Faifons tout ce qu'il faut, afin que le monde nous oublie autant que je l'ai oublié. Je crois qu'il n'y a que nous dans l'Univers, & je ne vois plus rien que ce qui a rapport à mon amour. Adieu. La réflexion augmente les vrais plaifirs, & j'ai une joie infime qu'elle éclate dans tout ce que je fais.

AUTRE LETTRE.

EST-IL bien vrai que vous m'aimiez auffi tendrement que vous venez de m'en affûrer? Ah! je crains de me trop flatter, & j'en veux douter toujours, pour en avoir tous les jours de nouvelles marques. Qu'il feroit doux, mon Cœur, d'en recevoir dans un lieu pareil à celui de l'autre jour! Que j'en ai d'envie, & qu'il eft cruel de ne l'ofer fuivre! Chaque moment que je vous vois, ajoute quelque chofe à la vivacité de ma paffion. Si vous êtes de mon goût, je vous dois paroître la plus aimable Maîtreffe du monde. J'avoue que fi j'étois homme, une femme auffi obfervée que je la fuis, auroit pour moi des charmes capables d'effacer les plus belles perfonnes du monde.

Parmi les autres Amants, les rendez-vous
& les plaifirs ne font pas toujours des preuves d'une forte paffion; mais entre vous &
moi, jufques à un regard, tout a fon prix;
& nous ne nous voyons jamais, que nous
ne puiffions nous affurer avec raifon que
nous nous aimons plus que notre vie. Ne
fentez-vous point votre amour-propre flatté
par ces réflexions, & quelque chofe vous
pourroit-il détacher d'une Maîtreffe que
tant de raifons vous doivent faire aimer? Je
ne fais d'où me viennent certains mouvements de jaloufie que je combats vainement
depuis deux jours; mais je ne fuis point
contente de vous, fans avoir de véritables
fujets de me plaindre. Venez demain aux
Tuileries vous juftifier, ou rougir de votre
injuftice, par les nouvelles marques que je
vous donnerai de mon amour.

AUTRE LETTRE.

LA tête vous a-t-elle tourné depuis l'autre jour? Je vous trouvois raifonnable, &
vous me paroiffez aujourd'hui le plus injufte
& le plus fou de tous les hommes. Ne vous
fouvient-il plus des raifons que j'ai de vous
refufer ce que vous me demandez? Eft-
il poffible que vous vouliez hazarder pour
un moment de plaifir ma réputation & ma

H vj

gloire? Ah! si elles n'ont pu chasser l'a-
mour de mon cœur, il n'est pas juste non
plus que le même amour en triomphe ab-
solument; & je suis si persuadée qu'une
Maîtresse décriée n'a point de charmes aux
yeux d'un honnête homme & d'un Amant
délicat, que vous ne m'obligerez jamais à
faire des démarches qui puissent entiérement me déshonorer, comme seroit celle
d'aller au lieu que vous me proposez. Si,
pour vous voir, je pouvois hazarder ma vie
sans mon honneur, je n'y balancerois pas
un moment. Je vous aime avec une ardeur
à toute épreuve, hors celle de l'infamie;
vous en conviendrez, si je suis assez heureuse pour que le rendez-vous de demain
réussisse. Que je crains de me flatter en vain
du plaisir de vous voir en particulier! Dieux!
que je l'attends avec une terrible impatience! Il me semble que depuis la conversation que nous eûmes ensemble dans le Jardin de Saint-Cloud, je ne vous ai point entretenu assez vivement de mon amour, je
crois que j'avois ce soir-là un pressentiment
du long silence auquel j'allois être condamnée. Je ne vous ai jamais parlé si tendrement, ni si hardiment; car, je vous l'avoue,
je manque souvent de hardiesse quand je
vous vois Je ne suis encore familiere qu'avec
votre idée, & je vous dis des choses sans

vous voir, que je n'ose plus prononcer quand vous pouvez les entendre Venez donc, mon cher Amant, me donner de la hardiesse, & triompher d'un reste de pudeur, qui vous dérobe le plaisir de m'entendre dire tout ce qu'inspire un amour emporté, & qui vous coûte le chagrin que vous avez quelquefois de me reprocher que vous me trouvez plus passionnée dans mes Lettres que dans mes conversations.

AUTRE LETTRE.

IL est vrai que l'Amour vend bien cher ses plaisirs; mais l'on ne peut trop payer celui de revoir son Amant, & de le trouver fidele. Je suis satisfaite de la conversation que j'eus hier avec vous; je vous trouvai des sentiments si tendres, que je ne doute presque plus que vous n'ayez un véritable attachement, & que, par conséquent, vous ne méritiez tout le mien. Aussi suis-je résolue de ne plus écouter desormais les discours de ceux que je reconnois mes ennemis, aussi-bien que les vôtres, & qui ne cherchent qu'à m'inspirer de la défiance de votre procédé, pour affoiblir la violence des sentiments qu'ils font au désespoir que j'aie pour vous. Je vous aime trop, pour que ma passion ne soit pas une

preuve que vous êtes aimable, & vous ne
le pourriez être, ſi vous manquiez de fidélité pour une Maîtreſſe qui vous aime ſi
conſtamment, malgré tout ce que vous lui
coûtez de douleur. Si le détail vous en
étoit connu, vous admireriez la force de la
paſſion qui m'attache à vous, & la folle pré-
caution des jaloux. Car enfin, malgré tous
leurs ſoins & leur vigilance, pendant qu'ils
ſe flattent d'avoir détruit le penchant que
j'ai pour vous, nous nous aimons plus que
jamais. Nous nous le dîmes hier, & nous
nous le jurerons encore dans peu de jours,
au milieu de tous les plaiſirs les plus tendres. N'admirez vous point combien il eſt
difficile de déſunir deux cœurs véritablement attachés l'un à l'autre? Quel triomphe pour deux amants de braver ainſi toutes les précautions de la plus noire & de la
plus affreuſe jalouſie! Et quelle ſeroit leur
rage, s'ils ſavoient les plaiſirs que je vous
prépare dans peu de jours! L'idée que je
me fais de leur colere, ajoute de nouveaux
charmes à tout ce que je fais pour vous.

AUTRE LETTRE.

C'EST enfin demain, ce jour ſi ardemm-
ment deſiré & ſi long-temps attendu; c'eſt
demain aſſurément, qu'après une ſi longue

abfence & tant de tourments, vous vous
verrez entre les bras de l'Amour Oui, ce
fera de l'Amour même que vous recevrez
des faveurs, car jamais mortelle n'a fait
fentir à un cœur ce que je prétends demain
faire fentir au vôtre. Que la confiance de
ce rendez-vous ne vous empêche pas de
venir à la Meffe de bonne heure ; j'y pre-
tends rencontrer vos yeux ; je ne faurois
les voir affez.

AUTRE LETTRE.

CROYEZ-VOUS que je puiffe laiffer échapper une occafion de vous écrire, & qu'il
fuffife à ma tendreffe que j'aie été aujour-
d'hui deux heures avec vous? Votre vue
m'infpire trop d'amour, pour ne pas chercher à vous en parler. Il faudroit que je
vous puffe voir dans le moment que je vous
ai quitté, pour vous bien exprimer tout
ce que votre préfence fait reffentir à mon
cœur. Je n'ai jamais été fi contente de vous ;
il me paroît avoir trouvé dans vos yeux &
dans vos difcours le caractere d'une véritable paffion. Seroit-il bien vrai que vous
m'aimaffiez autant que je vous aime ? Jugez
quelle vivacité cette penfée doit donner à
mon amour. Je vous ai aimé infenfible &
ingrat, comment ne vous aimerois je pas

tendre & fidele? Je n'aimois alors que votre perfonne . & à préfent j'aime votre perfonne & ma victoire. J'en jouis avec un plaifir qui flatte également ma tendreffe & ma vanité. Je m'eftime d'autant plus heureufe, que je dois mon bonheur à mes foins, & je trouve qu'il eft bien plus doux d'avoir forcé par fon attachement & fa tendreffe un cœur rebelle à devenir fenfible, que d'en devoir la conquête facile au premier coup d'œil.

AUTRE LETTRE.

JE vous écris d'un lieu qui me rappelle des fouvenirs bien vifs. Ce que j'y ai fenti de plaifir & de douleur, a occupé mes rêveries tout aujourd'hui. Tout me parle ici de vous, pourquoi ne m'y parlez-vous pas vous même? L'abfence eft toujours fenfible, quelque courte qu'elle puiffe être. Les plaifirs qui l'ont précédée, & ceux qui la doivent fuivre, ne fauroient entiérement détruire la triteffe qui l'accompagne; elle eft trop longue quand elle dure plus d'un jour, & celui d'aujourd'hui m'a paru un fiecle. Veuille l'Amour, que le temps que vous paffez fans moi, vous paroiffe auffi ennuyeux, & que vous fouhaitiez de me voir avec le même empreffement que j'ai de vous rejoindre tel que je vous laiffai hier.

AUTRE LETTRE.

Les soins que vous me mandez avoir pris pour me plaire, ont si bien réussi, que j'aurois commencé à vous aimer aujourd'hui, si je vous avois vu pour la premiere fois de ma vie. Vous m'avez parlé dans un état si propre à vous faire aimer, que j'aurois bien voulu qu'en sortant de l'Eglise, vous eussiez été vous enfermer dans votre cabinet. Je n'ai pu songer, sans quelque mouvement de jalousie, qu'en m'éloignant de vos yeux, vous alliez les faire voir à d'autres.

AUTRE LETTRE.

Bon Dieu! que vous me faites plaisir de m'ôter ma colere! je n'en saurois plus que faire. Je ne suis pas faite pour vous gronder, & je ne sais comment je m'y prendrai, lorsque j'aurai plus de sujets de le faire, &c.

AUTRE LETTRE.

Mes derniers malheurs sont si terribles, & il me restera desormais si peu de liberté de vous en instruire, que vous apprendrez plutôt par le bruit du monde que par moi,

quelle fera ma deſtinée. Mais aſſurez-vous
que vous ſaurez par vous-même, dès que
j'y verrai le moindre jour, que je vous aime
plus tendrement que jamais, & que je vous
conſerverai mon cœur malgré l'abſence &
les efforts que l'on fait pour vous l'ôter.
Pour reconnoiſſance d'un amour ſi parfait,
ſouvenez-vous quelquefois des malheurs
que vous me cauſez. Si ceux que je ſouffre préſentement vous étoient connus, vous
auriez horreur des peines d'une malheureuſe qui n'eſt infortunée que parce qu'elle
vous aime. Adieu, mon Cher : ſi l'on mou-
roit de douleur, j'expirerois ſans doute en
prononçant ce cruel adieu. Helas! ſont-ce
là les douceurs que j'eſpérois goûter en arrivant à Paris! Je paſſe toutes les nuits en
larmes : il faut même que les traces en diſ-
paroiſſent de jour; rien n'égale mes tourments, & je n'ai pas ſeulement la liberté
de les pleurer. Que de peines fait ſouffrir
une véritable paſſion! Adieu, mon cher
enfant, encore une fois, un engagement
de famille dont rien ne peut me diſpenſer,
me menera demain à l'Opéra J'avoue, à la
honte de toute ma raiſon, que je ſouhaite
que vous y ſoyez témoin de ma triſteſſe,
& de voir dans vos yeux toute la compaſſion & l'amour que je mérite. Je crois que
je n'ai pas beſoin de vous dire qu'il y fau-

dra agir avec moi, comme avec une perfonne qui vous feroit inconnue.

Puis-je mieux vous convaincre de votre
crime, qu'en trouvant dans la bouche d'un
autre des fecrets qui ne doivent jamais être
fus que de vous? Je vous le redis encore;
il y a des chofes répandues dans le monde, que l'on ne peut favoir que par l'un de
nous. Je fuis fûre de ne les avoir point dites; elles font d'une nature à porter cette
affurance avec elles. Cependant elles font
fues, & vous m'accufez d'injuftice & de
fimplicité, quand je crois ceux qui me parlent contre vous. Ah! Cruel, tu veux encore redoubler mes fupplices & tes cruautés par les proteftations d'une feinte innocence, qui, toute fauffe qu'elle eft, n'affoiblit que trop mon jufte reffentiment. Mais
ne te flatte point de triompher par ton efprit feul de la plus tendre amante qui ait
jamais été. Le temps de ma foibleffe eft
paffé; & fi je fuis affez malheureufe pour
être expofée déformais à la honte de t'aimer encore, au moins fera-ce une honte
fecrete. Aucune de mes actions ne la dé-
couvrira, & tu n'entendras plus jamais parler d'une femme qui a reçu de toi un traitement fi peu digne de fon amour. Enfin,

j'ai lieu de vous croire indifcret, & par-là
je ne doute point que vous ne me foyez
infidele : un repentir ne peut effacer tant de
crimes ; il fuffit d'avoir été coupable pour
perdre mon eftime, fans laquelle mon cœur
ne peut agir. Si je ne vous avois point eftimé, aurois-je pu vous aimer d'une paffion fi violente? Mais vous m'ôtez enfin la
confolation que j'avois dans ma douleur,
de penfer que fi le mérite d'un amant pouvoit excufer la foibleffe d'une femme, les
miennes devoient l'être. Hélas! je n'ai plus
cette douce confolation . tout ce que j'ai
fait contre ma raifon & contre la nature
même, donne des chagrins fi fenfibles à ma
famille, qu'ils fe préfentent à moi comme
des bourreaux qui viennent m'affaffiner. Je
fuis remplie de repentir & de défefpoir;
& fi la mort a jamais été defirable, c'eft
fans doute dans le malheureux état où
vous me réduifez Je ne dis plus, comme
autrefois, que fi tout ce que je fouffre vous
étoit connu, vous y feriez fenfible, puifque vous l'avez été fi peu à tout ce que
j'ai fait pour vous, je dois perdre l'efpérance de vous le rendre jamais. C'eft cette
malheureufe affurance qui m'empêche déformais de chercher à vous voir; car j'a-
voue, à ma honte, que s'il me reftoit encore quelque efpoir de me faire aimer de

vous, il n'y a rien que je ne fiffe pour y parvenir, & pour vous faire fentir enfuite, par
des duretés femblables aux vôtres, quelles
font les douleurs que je fens à préfent. Quel
plaifir, ingrat, de te voir auffi vivement touché d'amour pour une femme que tu as
fi mortellement offenfée ! Que tu le ferois
alors des peines que je fouffre aujourd'hui !
Elles te paroîtroient ce qu'elles font effectivement, c'eft-à-dire, infupportables. Je
ne les puis fouffrir ; j'en perdrai le peu de
raifon qui me refte. Le moyen d'en conferver dans des malheurs fi terribles ! J'ai
perdu les bonnes graces de ma famille, &
je me fuis fait un enfer de mon domefti-
que, pour un amant qui ne mérite que ma
haine. Mais, Dieu ! c'eft là le comble de
ma mifere, je ne puis le hair : je le méprife, je l'abhorre ; mais je fens que je ne
le hais pas. N'efpere pourtant rien, ingrat,
de ce refte de foibleffe. J'avalerois ce poi-
fon que tu me demandes, & que tu fais
que tu ne recevras jamais de ma main, fi
je me croyois capable de la baffeffe de faire
aucun pas vers toi. J'avois refolu de te paroître froide & modérée dans la Lettre que
je t'ai écrite cette nuit, & j'y étois, ce me
femble, parvenue ; mais celle que je viens
de recevoir de toi, me tire de cet état ap-
parent d'indifference. Je ne puis confidérer

fans fureur le plaifir que tu te fais de te
jouer de moi. Que veux tu faire, puifque
tu ne m'aimes point? Je crois qu'il eft des
chofes d'ufage fans amour avec d'autres
femmes; mais pour moi qui fuis captive,
qui ne te verrai pas quand tu ferois auffi
fidele que tu es perfide, & quand je ferois
auffi contente de toi que je m'en plains,
que peux-tu gagner par tes ménagements?
Cherches-tu le plaifir de me tromper? Je
t'affure que tu ne l'auras de ta vie. Je vois
clair, enfin; je connois, par une malheureufe expérience, que la vanité feule fait
agir la plupart des hommes, & qu'il les
faut hair & méprifer tous, fi l'on veut conferver quelque tranquillité. Si la haine que
j'aurai déformais pour tous les autres, m'en
pouvoit acquérir pour toi, que je ferois affurée d'être bientôt heureufe! Adieu, Monfieur, une pareille lettre écrite avec des
fentiments fi pénibles & un bras faigné,
n'eft pas une petite affaire. Vous avez apparemment appris par celle qui vous a rendu
ma lettre, quelle eft ma maladie; mais apprenez de moi que je n'oublierai rien pour
la rendre confidérable, & capable de finir
ma vie, que je trouve trop longue, quoiqu'à peine commencée. J'ai trop vécu,
puifque j'ai pu vous dire que je vous aime,
& que je ne puis me faire aimer de vous.

AUTRE LETTRE.

N'AVEZ-VOUS point d'autres conseils à me donner pour prévenir les nouveaux malheurs que la jalousie me prépare, que celui de vous abandonner ? Ah! je périrai, si je n'en puis sortir que par cette voie. Les nouveaux tourments où je vais être exposée feront sur moi le même effet que ceux que j'ai déja soufferts; je vous en aimerai avec plus d'ardeur. Un cœur véritablement touché ne cede point aux difficultés, & un Amant, qui ne cesse point d'être aimable, doit toujours être aimé. Soyez donc persuadé, mon cher Enfant, que rien ne détruira l'amour que j'ai pour vous. Puisque vous êtes sûr de mon cœur, pourquoi renoncer aux douceurs de l'espérance? la jalousie, avec toute sa vigilance, a-t-elle pu jusqu'à présent m'ôter les moyens de vous voir? Il y a deux ans que l'on y travaille, il n'y a que deux jours que nous nous sommes juré une fidelité éternelle. Ah! mon cher Amant, il ne faut que s'aimer toute sa vie, pour être assuré d'être toujours heureux Vos plaisirs ne sont point éloignés, j'ai une fermeté qui me fera surmonter toutes les difficultés, & une tendresse qui ne cédera plus à l'inutile bienséance. Il me semble que vous

devez être touché de me voir tant de courage dans le fort du péril même; que fera-
ce quand il fera passé! Gardez-vous bien de
vous affliger; vous n'êtes point en état de
le faire fans danger. Penfez à votre fanté,
mon cher Enfant, & n'ayez aucun foin que
de la rétablir. Votre maladie eft pour moi le
plus preffant des malheurs. Gueriffez-vous,
& laiffez faire le refte à l'Amour, qui n'a-
bandonne point deux Amants fi dignes de
fes faveurs.

AUTRE LETTRE.

OUI, je crois que vous m'aimez; vos
difcours & vos yeux m'en ont donné des
affurances trop tendres, pour me laiffer
aucun lieu d'en douter. Mais puifque je
rends juftice à votre cœur, rendez-la au
mien, & foyez perfuadé que je n'ai jamais
aimé Mr..... Le goût que j'ai pour vous,
n'eft-il pas une fuffifante preuve que je ne
puis en avoir eu pour lui? Faites réflexion
fur votre bizarre jaloufie, mon cher Amant,
& vous ferez affurément honteux de l'avoir
conçue. Elle me fait une mortelle injure,
& je m'en plaindrois fort férieufement, fi
je ne vous trouvois affez puni par la penfée
d'être maître d'un cœur qui auroit pu être
fi méprifable. Je fuis bien obligée à la pitié
de

de mon amie ; mais je ne fais fi une perfonne qui eft fûre de votre cœur, doit en
infpirer, quelque malheureufe qu'elle foit
d'ailleurs. Pour moi, je me trouve digne
d'envie : vous êtes aimable, & vous m'aimez, en faut-il davantage pour paroître
heureux, & l'être en effet ? Il n'y a point
de bonheur au monde plus vrai & plus fenfible que dans l'union de deux cœurs dignes
l'un de l'autre, & tout ce qui ne la détruit
pas, ne peut être un malheur confidérable.
Je crois même être redevable de la vivacité
de vos fentiments aux perfécutions que l'on
m'a fait fouffrir depuis long-temps ; vous
m'aimiez moins quand il vous étoit permis
de me le dire. L'amour, qui a voulu me
venger, & punir votre orgueil, vous a rendu
plus fenfible à mefure que je fuis devenue
plus captive ; la connoiffance que j'ai de cet
effet de mes fouffrances, me les a rendu fi
cheres, que je regarde fans envie les com-
merces pleins de liberté. Je fuis prefque
perfuadée que vous cefferiez de m'aimer, fi
je ceffois d'être malheureufe. Gardez-vous
bien de m'ôter cette opinion dans l'état où
je fuis ; elle adoucit beaucoup les maux que
je fouffre, & n'altere point l'amour que j'ai
pour vous.

AUTRE LETTRE.

MES maux ont été ſi violents depuis que je ne vous ai écrit, que j'ai été en danger de perdre la vie. C'eſt quelque choſe d'affreux que de voir de près une mort douloureuſe : mais elle n'a rien de ſi terrible, que de ſe trouver privée dans ces moments de la conſolation de voir ce que l'on aime, & n'oſer même prononcer ſon nom. L'amour m'eſt témoin que votre abſence m'a été la plus ſenſible de mes douleurs, & que j'ai été occupée de vous en ce triſte état, avec autant de vivacité que dans des moments plus heureux. Mais que mes ſouffrances augmenterent, quand je connus que la prudence vouloit que j'ôtaſſe d'autour de moi & de mon cabinet, tout ce que j'ai de vous ! Je ſentis, je crois, ce qui arrive dans la ſéparation de l'ame & du corps ; car je ne vis que par l'amour, & par les aſſurances que vous me donnez d'être fidele. Adieu, croyez que vous perdez beaucoup à ne pas voir de près la paſſion que j'ai pour vous.

AUTRE LETTRE.

LE moyen de garder ſa colere avec vous ? J'avois raiſon de ne vouloir plus vous voir ;

c'étoit affurément le moyen de garder ma
fierté. Dieu ! que je me trouve foible ! eft-il
poffible que j'aie fi facilement cédé, moi
que deux mois d'abfence & de réfolution
fembloient avoir rendu invincible ? Mais
vous êtes un homme terrible, à qui rien
ne peut réfifter. Il faut l'avouer, je ne vous
ai pas plutôt vu, que j'ai fouhaité d'être
vaincue ; & mes réflexions n'ont fait que
me perfuader que vous êtes digne de votre
victoire. Aimez-la, je vous en conjure ; que
je vous fois à l'avenir plus chere que je ne
vous ai encore été. Aimez-moi, s'il eft
poffible, autant que je vous aime.

AUTRE LETTRE.

Tu m'accufes, ingrat, & tu me réduis
à juftifier que tu as mille torts à mon égard.
Ah ! que tu connois bien mon cœur ! Tu
fais qu'il ne peut rien fouffrir qui bleffe fa
délicateffe ; & que c'eft un moyen fûr de
le faire parler, que de l'accufer d'infidélité.
La maniere dont je fuis touchée de tes injuftes reproches, me fait fentir & te va
faire connoître que je t'ai trop aimé pour
ceffer de t'aimer de ma vie. Après une dif-
fimulation de plufieurs jours, & des efforts
qui m'avoient perfuadé que mon amour
étoit affoibli, je viens t'avouer que je t'aime

encore avec une violence qui ne peut être
comparée qu'à ton injustice; & la honte
d'avouer ce que je croyois te cacher le
reste de mes jours, cede, sans résistance,
à la douleur de me voir accusée par un
homme que j'ai aimé huit ans entiers sans
en être aimée, & sans espérance de l'être.
Non seulement je n'ai jamais aimé que toi;
mais je n'ai jamais eu une pensée, ni une
complaisance qui aient pu te déplaire. J'en
jure par la peine que j'ai à cesser de t'aimer, malgré les tristes sujets que tu m'en
donnes. Je suis prête à t'en donner toutes
les marques que tu voudras Garde mes
Lettres, & sur-tout celle-ci, rends-les pu-
bliques, si, quand tu voudras t'éclaircir de
ma conduite, tu trouves que j'aie jamais
aimé un autre que toi. Oui, si tu me trouves infidelle, je consens d'être déshonorée
par un horrible éclat; mais, après que je
t'aurai fait voir mon innocence, n'attends
plus de moi que des marques de mépris &
de haine. Je ne veux pas me persuader,
sans fondement, que tu es un perfide; les
preuves que j'en ai ne sont que trop sûres:
cependant, quoique ma raison soit convaincue, je sens que mon cœur ne l'est pas
encore, & que sa foiblesse cherche à te donner les moyens de te justifier. J'accorde,
à l'empressement que j'ai de vous paroître

innocente, la converfation que je refufe depuis tant de jours à vos prieres. Je vous
verrai ce foir, s'il eft poffible; je vais mettre tout en ufage pour aller au bal à l'Hô-
tel de ......, ne manquez point de vous y
rendre; il me convient fi peu d'y aller dans
l'état où eft mon cœur, que je ferois incon-
folable, fi je n'avois pas le plaifir de vous
y confidérer. Vous favez de quelle confé-
quence il eft de vous déguifer fi bien, que
perfonne ne vous puiffe reconnoître. Je ne
veux point vous dire de quelle maniere je
ferai mafquée, pour vous laiffer le mérite
de me démêler dans la foule; mais comme
votre cœur eft un mauvais guide pour vous
conduire vers moi, prenez garde de vous
méprendre.

AUTRE LETTRE.

Vous me faites paroître la plus inju-
rieufe jaloufie que l'on puiffe témoigner à
une femme délicate. Vous m'accufez de
manquer à tous les ferments que je vous ai
faits, & d'accorder à mon mari tout ce qui
doit être confacré à l'amour. Si je l'aime,
pourquoi entretiens-je un commerce avec
vous, qui trouble tout le repos & l'honneur
de ma vie? Je fuis fi outrée de vos indi-
gnes foupçons, que je ne veux point me

I iij

donner la peine de vous faire voir combien
ils font injuftes. Je veux que vous douriez
encore quelques jouis de ma fidélité, pour
vous punir de ne la pas connoître auffi exacte
qu'elle l'eft Adieu; mes dernieres Lettres,
que vous dites avoir relues avec tant d'attention, vous ont pu faire voir que les inquiétudes que j'ai eues pour votre vie, ont
été fans mélange, & que dans ces terribles
moments je n'ai penfé à rien moins qu'à la
fûieté de mes Lettres. Mais dois je encore
craindre quelque chofe pour votre fanté?
Grand Dieu ! tremblerai-je toujours pour
une vie qui m'eft mille fois plus chere que
la mienne! Si vous vous portiez bien, je
vous verrois un quart-d'heure aujourd'hui
chez la bonne femme, où je vous affure-
rois que je vous aime plus que je ne vous
ai jamais aimé malgié vos foupçons. Je les
attribue aux chagrins de votre maladie; je
vois bien que vous ne connoiffez pas encore
ce que je fuis capable de faire pour ce que
j'aime.

AUTRE LETTRE.

On vient de m'apporter une Lettre de
vous, qui détruit entiérement mes réfolutions, & qui me met en état d'être plus
que jamais le jouet de l'amour & de vos

injuſtices. Vous avez un ſi puiſſant aſcen-
dant ſur mon cœur, que ma raiſon s'op-
poſe toujours en vain à ſes mouvements.
Je ne puis tenir contre vos ſoumiſſions fein-
tes ou véritables, & j'ai beau connoître de
quelle conſéquence il eſt de ſoutenir ſa fierté, je n'en puis conſerver pour vous. Bon
Dieu! que vous me faites de plaiſir de m'ô-
ter ma colere! Je ne ſaurois plus qu'y faire;
je ne ſuis point née pour vous gronder, je
ne ſais comment m'y prendre dans le moment que j'ai plus de ſujets de le faire. Il
n'y a que vous d'amant au monde qui puiſſe
s'offenſer de la jalouſie de ſa maîtreſſe ;
mais ne parlons plus de rien. On doit faire
de bonne grace ce qu'on a promis; je vous
pardonne de bon cœur; & comme le pardon que je vous accorde, remet les choſes
dans une égalité de tendreſſe entre nous,
je vous prie, mon cher amant, de me pardonner auſſi les chagrins que je vous ai cau-
ſés Je ne ſaurois vous en avoir donné d'autres que ceux que me donne votre maladie. L'opinion qu'il me ſemble que vous
avez que c'eſt moi qui vous l'ai cauſée, me
met au déſeſpoir. Vous n'avez déja point
trop de tendreſſe pour moi; vous n'en aurez bientôt plus du tout, ſi vous continuez
de me regarder comme une femme qui
vous accable de maux, & qui augmente

par la bizarrerie de ſes ſentiments, les malheurs que vous cauſe la fortune.

Autre Lettre.

Jouez vous aux barres avec une pauvre femme qui n'a pas la liberté de ſuivre ſes volontés? Parce que vous avez été uh jour ſans recevoir de mes nouvelles, vous m'en laiſſez paſſer deux ſans me donner des vôtres, quoique vous n'ignoriez pas que c'eſt la ſeule choſe, dans l'état où je ſuis, qui puiſſe adoucir mes douleurs. Je ne ſais ſi je ne me flatte point; mais il me ſemble que j'entrevois des remedes & une fin à tout ce que je ſouffre, & je puis eſpérer de vous donner encore une fois en ma vie des marques de ma tendreſſe. Mais aurez-vous bien la patience d'attendre un temps qui n'eſt pas fort proche? Quand j'aurai vaincu tous les obſtacles qui m'environnent, n'échapperez vous point à ma victoire, & trouverai-je encore votre cœur tendre & fidele? Hélas! ni l'un, ni l'autre. M'aimerez-vous inviſible & malheureuſe, ſi vous ne m'avez point aimée quand vous avez reçu des témoignages d'une paſſion ſi particuliere, que vous pouvez vous vanter d'être l'homme du monde le plus tendrement aimé?

AUTRE LETTRE.

C'EST en vain que nous nous flattons d'avoir un jour la liberté de nous voir. La vigilance de ma famille est infatigable. Je tremble à chaque pas, sans que la raison & la crainte puissent m'empêcher de faire tous les jours de nouveaux projets pour vous voir. Mais cette crainte, hélas ! n'est pas toujours le plus grand de mes maux. J'en crains un que j'ai éloigné autant qu'il m'a été possible, & dont la seule idée me fait frémir. Mon mari renouvelle ses persécutions ; à peine en suis-je hier échappée. Il n'y a point d'effort que je ne veuille faire pour être toute à vous ; mais enfin il n'y a point de bonne feinte pour autoriser un si long refus, & je serai bientôt contrainte, ou à céder, grands Dieux ! ou à pousser les choses à une derniere extrêmité. Je suis prête de m'exposer à tout, plutôt que de vous déplaire : examinez ce que vous pouvez exiger de moi dans ce péril, & soyez sûr que quand même ce seroient des choses injustes, je m'y soumettrai aveuglément. Je ne reconnois pour guide que la volonté de ce que j'aime, & je crois que c'est seulement dans un amour de ce caractere, que l'on peut trouver des excuses aux foiblesſes dont j'ai été capable. Il y a long-temps que je me crois juſtifiée de l'attachement, que j'ai pour vous, par l'impoſſibilité de m'en détacher, & que je ne me reproche plus une paſſion involontaire. Peut-être que ſi vous m'aimez véritablement, vous me conſeillerez ce que la raiſon devroit m'inſpirer; peut-être auſſi qu'une ſemblable marque d'amour ne me plairoit pas. Enfin, je ſuis incertaine dans mes penſées & dans mes projets; je n'en ai qu'un ſûr, qui eſt de vous aimer toute ma vie. Adieu, je forme tous les jours mille deſſeins pour vous voir; mais la réflexion me fait auſſi connoître qu'ils ſont tous impoſſibles à exécuter.

AUTRE LETTRE.

Vous voyez bien par tout ce que je viens de vous dire, que la jalouſie & la fureur de ma famille ſont montées à tel point, qu'il faudra déſormais que j'agiſſe avec vous comme avec l'homme du monde que je hairois le plus; que je ne ſonge jamais à vous voir, & que dans l'inutilité de conſerver une paſſion qui ne peut plus être heureuſe, je combatte la mienne, & que je faſſe mille efforts pour vous oublier, ſans y pouvoir réuſſir. Jugez vous-même ſi cet état n'eſt pas douloureux, & s'il y a perſonne au monde plus à plaindre que moi. Je n'aurai jamais de liberté, que lorſqu'on croira que je ne vous aime plus; & l'on ne perdra jamais l'opinion que je vous aime, parce que je ne ceſſerai jamais de vous aimer. C'eſt en vain que l'on ſe fonde ſur de l'eſpérance & de la fineſſe La vérité a un caractere qui n'échappe pas à des yeux fins, & j'ai à faire à des gens qui démêleront toujours mes ſentiments, quelque ſoin que je prenne de les leur cacher. Enfin, mon cher amant, je ne prévois que des malheurs, & la réflexion me déſeſpere, auſſi ſuis-je dans un état à faire pitié. J'ai eu de la conſtance & de la fermeté dans les autres tourments que j'ai ſoufferts, mais je n'ai plus ni l'un ni l'autre, & ce dernier coup m'a accablée. Je ſuis pénétrée d'une douleur ſi vive, que je ſuis comme hébétée. Enfin, je vous toucherois de compaſſion, quand même vous ne m'aimeriez pas.

AUTRE LETTRE.

Jeudi au ſoir.

On continue à me vouloir convaincre de vous avoir vu hier dans le Jardin de…..
J'ai répondu avec froideur juſqu'à préſent, pour gagner le temps de recevoir de vos nouvelles, mais j'ai reçu trop tard les avis

que vous m'avez donnés, & il regne fur
tout ce qui regarde notre amour un malheur qui m'épouvante. Il femble que le ciel
& la terre foient conjurés pour nous empêcher de nous aimer; mais fi vous êtes dans
des fentiments pareils aux miens, les Dieux
& les hommes ne viendront jamais à bout
de défunir deux cœurs fi dignes l'un de l'autre. J'en ai trop fait, & nos ennemis en
font trop pour céder. Je réfifterai avec fermeté a une puiffance qui ne s'étend pas
jufqu'aux volontés, & vous me trouverez
toujours telle que vous me vîtes avant-
hier. Mais ne nous reverrons-nous jamais,
mon cher Amant? Y a-t-il lieu de l'efpérer,
après ce dernier malheur? Le peu de certitude que les jaloux avoient de ma paffion
dans fon commencement, étoit un frein à
leurs duretés, mais préfentement qu'ils n'en
peuvent douter, leur fureur agira dans toute
fon étendue, & je vais être la plus malheureufe perfonne du monde. Vous favez fi
mon amour a redouté les tourments, & s'il
eft timide, je n'en ai point fouffert, au contraire, où je n'aie trouvé une fecrete douceur, dans la penfée qu'elle pouvoit fervir
à vous convaincre de la violence de ma
paffion.

AUTRE LETTRE.

Vous ne me dites pas un mot de votre retour dans vos Lettres. Ce filence m'en dit affez Que j'étois fimple de me laiffer perfuader que vous feriez peu de temps féparé de moi ! Ah ! croyez-vous que fi j'avois fu fur cela ce que je fais préfentement, j'euffe confenti à votre départ ? Je vous aurois mis dans la néceffité de choifir, de la fortune, ou de votre Maîtreffe. Mais non, je vous aurois laiffé faire ce que vous avez fait, & n'aurois pas voulu démentir le caractere de la paffion que j'ai depuis long-temps pour vous. Je me fuis piquée de préférer vos intérêts aux miens, & de n'exiger de vous rien de pénible. J'ai mis mon plus grand bonheur à ne pouvoir mériter vos reproches, & à vous faire rougir d'aimer médiocrement une femme qui vous aime avec tant de tendreffe. Mais connoiffez-vous affez la différence qu'il y a de votre paffion à la mienne, pour reffentir cette forte de honte ? Ne vous trompez-vous point ? Il me paroît par vos Lettres que vous faites hardiment des comparaifons avec moi ; pourriez-vous vous méprendre au point de ne pas connoître que je vous aime mille fois plus que vous ne

m'aimez? Eſt-il poſſible que vous oſiez me
donner pour exemple Madame de....? Si
je ſupportois votre abſence comme elle fait
celle de Mr..., vous auriez quelque ſujet
de vous plaindre...... La date de douze
ans ne fait rien à la choſe. Il faut toujours
aimer ce que l'on a une fois jugé digne de
ſon eſtime & de ſon cœur, les années ne
diminuent que les paſſions médiocres, &
la maniere dont vous regardez douze ans,
ne me fait pas croire la vôtre à l'épreuve
du temps. Il n'en eſt pas un plus propre à
diminuer l'amour, que celui de l'abſence.
Adieu, je vous aime, & je vous ſouhaite
avec une ardeur qu'il n'y a que moi capable de ſentir. Que ne donnerois-je point
pour vous donner le bon ſoir! Ah! quand
ce ſeroit par magie que votre figure paroî-
troit à mes yeux, je me tiendrois heureuſe
de la voir.

AUTRE LETTRE.

Vous me quittez, quand tout change
pour nous, quand tous les huit jours nous
en paſſons un enſemble. Vous renoncez à
des plaiſirs que vous aviez paru deſirer
avec tant d'ardeur; vous laiſſez votre Maîtreſſe malade, ſans penſer au péril qui peut
menacer ſa vie; vous voulez devenir Hé-

ros. Je pense que vous cherchez la gloire d'être au-dessus des foiblesses humaines. Songez que quand on veut être plus qu'un homme, on devient beaucoup moins. Thésée fut moins blâmé d'avoir été sensible aux charmes d'Ariane, que de l'avoir abandonnée. Le plus grand des crimes est de violer les serments. Vous en aviez fait de m'aimer tendrement; puis-je croire que je la sois, après ce que vous m'avez fait? mais que me sert-il de vous faire des reproches? Mes Lettres n'auront pas apparemment plus de pouvoir que n'en ont eu mes larmes; & quelles larmes, grand Dieu! des larmes mêlées de toutes les douceurs de l'amour. Dans quel état vous ai-je prié de ne point partir! dans quelle violence vous ai-je dépeint la douleur & le désespoir que me causeroit votre absence! Rien de tout cela ne vous a attendri, & vous êtes parti malgré mon amour & mes douleurs. Après ces marques d'une passion médiocre, aurois-je la folie de croire que vous êtes fort touché de ce que je souffre présentement? Adieu, je sens dans ce moment de certains mouvements de dépit, dont je veux vous épargner la connoissance. Aimez-moi, s'il est possible, & vous souvenez de moi, si vous pouvez.

AUTRE LETTRE.

Sur quoi fondez-vous les soupçons de la jalousie qui vous occupe si fort? Est-ce sur ce que je vous ai écrit de cet Amant prétendu? Cette exactitude de vous rendre compte des moindres choses, ne vous prouve-t-elle pas que je ne suis occupée que de vous? Pouvez-vous me dire que j'ai peut-être des sentiments secrets pour lui, que je ne démêle pas bien encore? Une femme qui a aimé dix ans, n'est point neuve en amour, & les mouvements d'une passion n'échappent pas à sa connoissance. En vérité, vous ne vous faites pas une juste idée de tout ce que je souffre. Si vous le connoissiez bien, & que vous m'aimassiez tendrement, vous me souhaiteriez plus de dissipation que je n'en ai; mais vous n'êtes pas capable de tant de délicatesse : vous comparez hardiment ce que vous faites pour moi, à ce que je souffre pour vous. Cependant il me semble que vous ne deviez pas avoir tant de peine à me céder l'avantage de savoir mieux aimer que vous. Hélas! que je l'achete cher, & qu'il me coûte de douloureux moments!

AUTRE LETTRE.

JE vous demande pardon de vous avoir écrit aigrement; mais le principe qui m'a fait agir, ne doit pas vous déplaire. Cependant je suis une Divinité plus équitable que vous ne croyez, mais suivant l'usage des Dieux, je gronde & menace selon mes caprices, & la crainte peut faire souvent ce que la reconnoissance seule ne feroit pas. Rien ne nourrit tant une passion, & n'est si propre à la garantir de l'assoupissement de l'absence, que d'en parler souvent. Ainsi je consens volontiers que vous parliez de la vôtre à la personne dont vous me parlez. Ce secours vous est plus nécessaire qu'à moi, & cet Amant qui crie qu'on l'abandonne, est peut-être beaucoup plus prêt à m'abandonner. Je suis plus certaine de mon cœur que vous n'êtes sûr du vôtre, & je crois même que vous êtes de même opinion que moi. On se connoît toujours, malgré les efforts que fait l'amour-propre pour nous tromper, & vous avez un tel fonds de coquetterie, que je suis sûre qu'elle allarme quelquefois votre raison, qui ne sauroit manquer d'être de mon parti. Si vous me conservez votre cœur, je devrai mon bonheur à la différence qu'il y

a préfentement de l'Italie à ce qu'elle étoit
du temps qu'Ovide écrivoit fes galanteries;
& je ne répondrois pas de votre fidélité,
fi fa Corinne étoit au même lieu que vous.
Au portrait que vous avez fait de moi au
Comte de.... vous n'avez pas eu deffein
qu'il démêle ce que je fuis, car quoique
vous difiez que je ne fuis pas belle, comme il n'eft que trop vrai, vous me peignez
avec tant d'avantages, qu'une femme ainfi
faite auroit dequoi fe confoler de n'être
point belle. Sur-tout vous ne deviez pas
me dépeindre enjouée : croyez-vous que
l'abfence d'un Amant tendrement aimé, ne
faffe pas un grand changement dans une
Maîtreffe fidelle?

AUTRE LETTRE.

JE m'étonne que vous employiez votre
Philofophie à vous préparer à fupporter
courageufement un malheur qui ne peut
être qu'imaginaire, & je ne comprends pas
que vous me méconnoifliez, & que le
changement de mon cœur puiffe être l'objet de vos méditations. Elles feront mieux
employées fur l'inconftance & l'ingratitude
de la fortune, à laquelle vous vous êtes entiérement facrifié C'eft un malheur auquel
on ne court jamais rifque de la préparer

inutilement. J'ai été ravie d'apprendre par un de vos amis, qu'on est fort satisfait de vous à la Cour; mais pour me donner une joie parfaite, il faudroit me faire voir la copie de votre congé. Vous avez beau contenter le Roi; je ne puis être contente de vous, que quand vous reviendiez.

AUTRE LETTRE.

JE ne comprends pas comme il est possible d'aimer fortement quelqu'un, sans se faire une affaire sérieuse de ce qui peut lui faire de la peine; & la facilité que vous avez à me gronder dans vos Lettres, me fait sentir la différence qu'il y a entre vos sentiments & les miens. Car quoique vous méritiez encore de plus violents reproches que ceux que je vous ai faits, je ne laisse pas, en les écrivant, d'être occupé du chagrin que vous aurez à les lire, & à sentir qu'ils sont bien fondés. Je vous les aurois épargnés assurément, si les réflexions qu'ils peuvent vous faire faire, n'etoient nécessaires pour éviter tout ce qui vous est arrivé de fâcheux, par le peu d'application que vous avez donnée à certaines choses.

AUTRE LETTRE.

CRAINDRAI-JE toujours votre cœur?
Ah! quoique je fois peut être née avec un
peu trop de défiance, & portée à croire
ce que je fouhaite le plus, vous n'êtes pas
innocent de tant de craintes. Il falloit me
perfuader fi fortement que je fuis aimée
comme j'aime, que je n'en puffe douter
que dans ces moments où la delicateffe agit
malgré la raifon. Mais comment m'auriez-
vous fait voir une violente paffion, fi vous
ne l'avez jamais fentie? On n'abufe point
une Maîtreffe éloignée, & fi j'ai quelquefois paru fatisfaite de vous, c'eft que je
voyois bien que ce qu'il auroit fallu pour
remplir mes defirs, paffoit la portée de vos
fentiments, ou le pouvoir de mes charmes.

AUTRE LETTRE.

LA fortune met une grande différence
entre votre vie & la mienne; mon partage
eft mes douleurs, pendant que vous êtes
tous les jours aux Opéra de Venife. Je ne
fuis pas fâchée que vous foyez plus heureux que moi, mais je crains que les divertiffements ne vous accoutument à fupporter tranquillement mon abfence. La joie

diffipe trop, & la mélancolie rend affurément l'amour plus fenfible. On fouhaite
avec plus d'ardeur ce qu'on aime, quand
on ne jouit d'aucun plaifir dans les lieux
où l'on eft fans Maîtreffe; & de l'humeur
dont je vous connois, il eft difficile que
vous viviez fans amufement, & plus difficile encore que celui de m'écrire, de recevoir de mes Lettres & de vous reffouvenir
de moi, en foit un capable de remplir toute
votre vivacité. Cependant ne vous prépa-
rez à aucune indulgence. Plus votre abfence fera longue, & plus je ferai févere,
parce que je fouffrirai davantage, & que
de longues peines me paroîtront dignes de
votre fidélité. Ces fentiments font peut-être
un peu injuftes, mais beaucoup d'amour
eft ordinairement fuivi d'un peu d'injuftice.
Parce que vous êtes abfent, n'y en a-t-il
pas à m'ennuyer avec tous mes amis? parce
que vous êtes abfent, devroient-ils être pu-
nis de vos fautes? Cependant je fuis de fi
mauvaife humeur, que je ne comprends pas
que quelqu'un me veuille voir.

AUTRE LETTRE.

Si la paffion que vous m'avez infpirée,
vous étoit bien connue, vous feriez au-deffus des inquiétudes qui agitent ordinaire-

ment les amants. Vous ne craindriez point
que j'en aimaffe un autre, & vous ne fon-
geriez qu'à vous rendre digne d'être toujours ardemment aimé de moi. Pour cela,
il faut fouhaiter fortement votre retour, &
n'employer que peu de temps à tenter la
fortune. Si mon abfence vous étoit aufli
fenfible que m'eft la vôtre, vous payeriez
trop cher les plus éclatantes faveurs ; mais
les raifonnements que vous faites dans vos
dernieres Lettres par rapport à elles, font
bien voir que vous n'êtes qu'apprentif Phi-
lofophe. Le temps eft-il à vous, pour en
difpofer comme vous faites ? Qui me fera
caution de vos efpérances ? & ne faut-il
pas avoir perdu le fens commun, pour renoncer au bien préfent qu'on poffede, dans
l'efpoir d'en acquérir un chimérique ? Les
confeils du confident du Prince vous conviennent mieux qu'à lui. Vous courez pour
vous repofer, & dans une vue incertaine
d'acquérir un jour plus de liberté de me
voir, vous avez renoncé pour mille annees
au plaifir de me voir au moins en huit
jours une fois Pour moi, fans renoncer
aux avantages que le temps peut m'apporter, je regarde le préfent comme ce qui dé-
cide de ma deftinée ; & les douceurs que
vous me dépeignez, ne me confolent point
du mal préfent de votre abfence. La mienne

ne vous touchera pas de la même maniere; l'ambition partage votre cœur, & vous vous faites un mérite de servir le Roi, pour vous cacher à vous-même la foiblesse que vous avez de ne pouvoir vous passer des faveurs de la fortune. Je ne m'apperçois pas que l'amour doit être badin, & ne s'accommode guères des réflexions d'un Philosophe; mais je suis aujourd'hui d'une mélancolie & d'une mauvaise humeur, qui ne conviennent point du tout à parler de tendresse.

AUTRE LETTRE.

Si vous êtes, comme vous me l'écrivez, un exemple de la puissance de l'amour, j'en suis un des malheurs que causent les passions extrêmes; & comme je donne ordre que vous ne receviez cette Lettre qu'en apprenant, ou ma mort, ou ma guérison, je ne dois point craindre de vous y laisser voir le triste état où mon cœur & ma santé sont réduits. J'ai souffert, depuis deux fois vingt-quatre heures, tout ce qu'on peut souffrir du corps & de l'esprit; & comme je suis si abattue, que je ne puis m'assurer de ne pas succomber à un remede violent que les Medecins m'ordonnent cette nuit, j'ai voulu vous protester, avant que de

m'expofer, que foit que je meure, ou que
je vive, l'amour regnera dans mon cœur
jufqu'au dernier foupir, avec la même vivacité que vous m'avez vue au milieu de
fes plus agréables tranfports; & que fi le
deftin veut terminer fi promptement une
vie auffi peu avancée que la mienne, je
mourrai, fans me repentir de tout ce que
l'amour fait faire, pour vous reprocher un
départ dont la douleur feule a caufé les malheurs dont je vais peut-être mourir. Pour
vous montrer digne d'une paffion fi conf-
tante, confervez de moi un tendre fouvenir; je fais que les morts n'en doivent pas
demander davantage, s'ils veulent être exau-
cés. Je vous demande feulement de refpec-
ter affez la paffion que j'ai pour vous, pour
ne vous fervir jamais de mes expreffions,
ou de mes tranfports, pour convaincre d'autres femmes de votre ardeur. Mettez, pour
régler l'amour que vous pouvez avoir pour
elles, toute la différence qui eft entre l'attachement que j'ai pour vous, & ceux dont
font capables les autres femmes; vous n'en
trouverez point qui aient un cœur digne de
remplacer le mien, & je m'affure que vous
me regretterez, quand vous voudrez fonger à la maniere dont je vous ai aimé. Que
ma deftinée vous infpire une tendre compaffion : je n'ai vécu que pour vous, & je
n'ai

n'ai jamais vécu heureuſe ; je ſuis même
encore plus malheureuſe que je n'ai vécu.
Si la mort ne peut mettre ma gloire à cou-
vert, & que ceux qui me haïſſent, pour ſe
venger de moi, veulent publier ce qu'ils
ont pu découvrir de mon aventure, juſti-
fiez la violence de ma paſſion par la durée
de la vôtre, & qu'on connoiſſe par votre attachement pour une maîtreſſe morte, qu'elle
a dû tout faire pour vous pendant ſa vie.
Mais je m'abandonne trop à la cruelle triſteſſe dont je ſuis remplie, je ne ſonge pas
aux larmes que cette Lettre vous pourra
faire verſer : au nom de votre amour, pardonnez-moi la douleur qu'elle vous cau-
ſera. S'il eſt des moments où il ſoit permis
de ne ſe point contraindre, ce ſont ſans
doute ceux où l'on enviſage la mort de près.
Mais voici le moment d'être Philoſophe,
& de ne pas démentir le caractere que vous
me connoiſſez, & que vous m'avez paru aimer en moi. J'eſpere que vous n'apprendrez pas que j'aie rien fait en ce triſte moment qui ſoit indigne. Vous ſeul m'attachez
à la vie, & vous ſeul auſſi me rendrez la
mort pénible. Rien ne me touche plus ſen-
ſiblement, que de ne pouvoir appeller auprès de moi perſonne qui puiſſe vous rendre un compte exact de tout ce que je ſen-
tirai de tendre pour vous dans ce moment.

S'il eſt écrit qu'il doive bientôt arriver,
imaginez-vous tout ce que peut ſentir le
cœur le plus ſenſible & le plus délicat qui
ait jamais aimé, & pour vous en former
quelque idée, croyez que j'aurai quelque
plaiſir à mourir, parce que ma mort pré-
viendra la vôtre, & que j'éviterai par ce
moyen le ſupplice affreux de vous voir
peut-être quelque jour expirer à mes yeux.
Adieu, mon cher Amant; je vais mettre
tout en uſage pour que ce ne ſoit pas le
dernier de ma vie, & pour retirer des bras
de la mort ce que vous aimez; mais ſi mes
ſoins ſont inutiles, ſongez que votre Maîtreſſe a plus aimé que femme du monde,
& que vous devez quelque choſe aux ſentiments qu'elle conſerve pour vous juſqu'à
la mort. Adieu.

AUTRE LETTRE.

QUELQUE choſe que je faſſe, je ſuis
une femme perdue. Juſte Ciel! ſe peut-il
que je ſois réduite à de ſi terribles humi-
liations? J'en mourrai, je ne réſiſterai jamais à ce dernier coup. Le moyen de conſerver la conſtance, quand on a perdu tout
eſpoir! Je vois la néceſſité de rompre tout
commerce avec vous, & je la vois abſolue,
ſans pouvoir m'y ſoumettre. Je vous aime

plus que je ne vous ai jamais aimé; cependant il faut vous abandonner, & il est impossible de continuer à vous écrire. On ne peut rien concevoir qui approche de mes malheurs. Mon cœur est déchiré par mille sentiments différents; mais l'amour est toujours le plus fort & le plus malheureux. Bon soir, mon cher Enfant; je n'ose écrire davantage, on m'épie de tous côtés. Abandonnez une malheureuse, dont le commerce ne peut plus avoir de charmes, ni pour son Amant, ni pour elle-même. Nous ne pouvons, ni vous, ni moi, vaincre ma destinée; & si l'amour est plus fort que la mort, il ne l'est pas tant que la rage d'un jaloux.

AUTRE LETTRE.

LA joie que je sens depuis que je vous ai vu, & ce que j'ai hazardé pour vous voir, vous doivent assurer pour toujours que mon amour & ma fidélité seront éternels. J'étois perdue sans ressource, si l'on m'avoit surprise dans ce jardin, & je pouvois facilement l'être. Je prévois pourtant qu'il peut m'en arriver de nouveaux embarras; les espions qui me suivent, auront pu découvrir quelque chose : mais je ne puis dans ce moment sentir que de la

joie; j'en ai ſi rarement, qu'il eſt juſte que
je la goûte aujourd'hui ſans mêlange. Bon
ſoir, mon cher Amant, fortifiez l'opinion
que j'ai toujours eue, que pour être digne
du cœur d'un honnête homme, il faut ſe
conſerver une réputation inviolable. Je vais
donc faire merveille, & n'omettre que cette
dévotion dont vous m'avez ſoupçonnée
avec tant d'injuſtice. Je n'ai ni le bonheur,
ni la foibleſſe de devenir bigotte, & vous
pouvez vous aſſurer que vous ne me verrez
jamais que Philoſophe, Amante & fidelle.
Ce dernier terme paroîtra inutile à quiconque vous connoîtra ; car il eſt impoſſible
de ſoupçonner une femme d'eſprit qui aura
eu du goût pour vous, d'être capable d'en
avoir jamais pour un autre.

AUTRE LETTRE.

JE vous avoue que j'ai un déplaiſir ſenſible de ce que vous connoiſſez ſi mal la
délicateſſe de mon cœur. Vous n'en avez
qu'une idée groſſiere, ſi vous croyez qu'elle
doive être ſatisfaite quand j'ai évité des crimes; mais connoiſſez mieux un cœur dont
vous êtes le maître, & ſachez qu'il ſe croiroit indigne de vous, s'il pouvoit avoir de
la complaiſance pour un homme qui prétend le toucher. La raiſon veut, ſans dou-

te, que je le ménage, & je le fais aussi :
mais je mêle tant de froideur dans mes actions, que je trouve le moyen de satisfaire
également ma délicatesse & ma prudence ;
plus de politique ne convient pas à beaucoup d'amour.

AUTRE LETTRE.

Je vous attends avec une passion qu'on ne
peut s'imaginer, sans en sentir une aussi
vive que la mienne. J'aurai présentement
le plaisir de vous voir, & de vous donner
enfin des marques sensibles de mon amour ;
mais l'heure s'avance, & vous ne paroissez
point. Ah ! que faites-vous ? N'envoyer personne de votre part ! Il y a une heure & de-
mie que je suis seule ; faut il perdre de si
précieux moments ? Jamais je ne me suis
sentie des mouvements si violents ; la crainte
des choses affreuses qui peuvent nous arriver, & le désir de vous voir.... Mais, Dieu !
on me dit que vous arrivez.

AUTRE LETTRE.

Je ne vous trouvai point hier dans tous les
lieux où je croyois vous rencontrer ; mais
il n'y a rien de perdu. Le plaisir dont nous
aurions joui, ne seroit plus, & nous som-

mes affurés de l'avoir aujourd'hui, puifque vous me trouverez feule vers le foir chez ... Si ce raifonnement vous choque, apprenez que je le tiens de vous, & que je m'en fers par vengeance, & non par aucun goût. Je fuis, au contraire, perfuadée qu'il faut toujours être impatiente pour ce qu'on aime, & que la délicateffe d'une paffion, auffibien que la fageffe, ne permet pas qu'on préfere l'avenir au préfent, & qu'on compte le lendemain pour beaucoup.

AUTRE LETTRE.

Oui, je me vengerai, & je vous ferai voir qu'on ne m'offenfe point impunément. Je vous donnerai tant d'amour la premiere fois que nous nous verrons, que vous ne ferez plus capable de manquer, comme aujourd'hui, à m'écrire le lendemain que vous m'aurez vue. Je veux vous punir des anciennes froideurs que vous avez eues pour moi, en vous infpirant plus d'ardeur & plus de defirs que n'en ont tous les Amants enfemble, & pour ne pas croire enfuite ce que vous me direz de votre amour. Pour la jaloufie dont vous me parlez, je ne fais ce qui peut l'avoir fait naître; en prend-on dans les moments que nous paffâmes hier enfemble ?

AUTRE LETTRE.

J'AVOUE que j'ai joint à la captivité où l'on me tient à préfent, l'envie d'éprouver votre cœur, & que j'ai voulu juger de votre amour par la maniere dont vous réfifteriez aux obftacles que j'ai apportés moi-même à votre bonheur; mais un moment de votre vue a bien changé mon projet. Vos regards m'ont infpiré plus d'ardeur que je n'en ai jamais fenti, & je ne fuis plus occupée, à l'heure qu'il eft, que de trouver des moyens de vous voir, même aux dépens de ma vie. Bon Dieu! que j'ai de chofes à vous dire! mais la plus preffante eft de vous affurer de la joie que j'ai eue de trouver votre fanté fi parfaite, après qu'elle m'a donné tant d'allarmes.

AUTRE LETTRE.

MES propres douleurs ne font rien pour moi en comparaifon des vôtres, & fi vous voulez bientôt me voir mourir de défefpoir, vous n'avez qu'à continuer dans l'horrible affliction où vous êtes. Quoi! le cœur vous a abandonné, & vous fouffiez qu'une femme en ait plus que vous? Que penfez-vous qui pourroit me foutenir dans l'état

malheureux où la jaloufie m'a réduite, fi
l'amour que vous avez pour moi ne fervoit
de confolation a tous mes maux ? Celui
que j'ai pour vous eft fi malheureux, que
fi j'en fuivois les mouvements, je ne fongerois qu'à mourir. Soyez donc mon exemple, & que les affurances que vous devez
avoir de ma tendreffe, vous foutiennent
contre tous les chagrins que la fortune &
l'amour vous caufent. Le temps peut changer nos deftinées, & même fans de grands
changements, vous aurez bientôt la confolation de me parler de vos douleurs. Penfez-vous que j'aie confenti à ne vous revoir
jamais? Avez-vous pu croire que j'aie pu
m'y réfoudre? Ah! je vous reverrai aux dépens de ma vie, & toute la terre enfemble ne peut pas m'empêcher de vous dire
adieu avant le départ de la Cour. Que cette
efpérance radouciffe les peines que vous
caufe mon abfence, & la trifteffe que vous
donne le fouvenir de feue Madame de....
Quoiqu'elle ne puiffe occuper votre cœur,
fans le diftraire de la tendreffe que vous me
devez, je ne faurois trouver mauvais que
vous y penfiez encore tendrement, & je la
pleurerois avec vous, s'il m'étoit permis de
vous voir. Mais on nous envie jufqu'à la
confolation de mêler nos larmes. Que j'eus
peur l'autre jour de vous laiffer voir les

miennes! Deux Amants qu'on fépare pour toujours, l'ont-ils jamais été fi brufquement? Cette douce & cruelle converfation ne m'eft point fortie de la tête, il me femble à chaque inftant vous voir effuyer mes larmes, & me jurer une fidélité éternelle. Quand je penfe à ces moments, tous mes malheurs s'évanouiffent, & peu s'en faut que je ne me tienne heureufe au milieu de toutes mes douleurs, quand je fonge que je fuis aimée de l'homme du monde que je trouve le plus aimable.

AUTRE LETTRE.

CROYEZ-VOUS que je trouve bon de vous voir une fanté fi brillante fur le point de m'abandonner, moi qui fuis une maîtreffe, que la feule penfée de votre abfence fait mourir de douleur? Ah! je veux vous voir abattu, languiffant; & puifque le chagrin que vous devez avoir de me quitter, n'eft pas fuffifant pour le faire, je veux appeller tant de plaifirs au fecours, que je voie enfin dans vos yeux la langueur que vous avez dû remarquer ce matin dans les miens. Venez donc me voir tantôt; abandonnons-nous fans réferve à l'amour, pendant le peu de jours qui nous reftent à nous voir. Quand l'abfence devroit nous en pa-

K v

roître mille fois plus sensible, venez promptement; le plaisir de vous voir m'est nécessaire; je meurs d'amour & de langueur.

AUTRE LETTRE.

CROYEZ vous le courage qu'on se fait pour mettre la raison à l'épreuve des attaques que vous m'avez données aujourd'hui? Quoi! il seroit vrai que vous pourriez être un an absent, & vous pouvez en parler sans des marques d'une douleur extrême! Ah! vous ne savez point aimer, & votre cœur est bien inférieur à la sensibilité du mien. Vous êtes déja, ce me semble, consolé de votre départ. Je ne vois plus en vous cette affection tendre que je vous ai vue les premiers jours, & je crois qu'à force de penser que vous me devez quitter, vous vous êtes déja accoutumé à l'absence. Pour moi, quelque effort que ma raison fasse sur mon cœur, il ne peut se résoudre à cette cruelle séparation. Je mourrai, sans doute, à vos yeux, de la douleur que me causera votre départ; & si vous m'aimez, vous ne pourrez me voir souffrir ce désespoir sans vous y opposer : il me sera plus doux de mourir en vous quittant, que de vivre après vous avoir quitté.

AUTRE LETTRE.

L'AMOUR de la gloire n'eſt pas ſi fort dans mon cœur que vous vous l'imaginez; vous l'avez vaincue, & je ſuis à vous. Si vous pouvez avoir le ſecret de me voir, inventez les moyens de tromper les jaloux, & je ne m'oppoſerai plus, ni à vos deſirs, ni aux miens; je vous laiſſerai voir tout mon amour. Hélas! il n'a jamais diminué; mais il eſt vrai que déſeſpérant de le voir jamais heureux, j'ai cherché à vous laſſer d'un commerce qui ne ſervoit qu'à maintenir des ſentiments que je croyois devoir affoiblir. Mais puiſque de ſi longues preuves ne vous ont point laſſé, je m'abandonne toute à vous. Songez ſeulement que je ſuis perdue ſans reſſource, ſi je ſuis ſurpriſe; agiſſez ſur ce principe, & parlez, je vous obéirai en tout. Je ne hazarde rien, ſi votre amour eſt auſſi véritable qu'il me le parut hier dans vos yeux. Adieu, mon cher amant; ſouffrez, ſans ſcrupule, tous les termes de ma tendreſſe. Il n'y en a aucun que j'aie jamais profané; vous m'en ſoupçonnez à tort, & je vous jure que l'amour & ſes expreſſions ne m'ont jamais été connues que pour vous. Adieu; je vous aime plus que jamais; & quelque forte que ſoit ma paſſion

par elle-même, je fens bien qu'elle eft encore plus vive que quand je vous vis hier.

AUTRE LETTRE.

Jamais amant n'a effiyé de raffurer les
craintes d'une maîtreffe, par une Lettre
comme celle que je reçus hier de vous. Le
ftyle dont vous vous fervez pour me dire
que vous m'aimez, eft une preuve claire
que vous ne m'aimez plus, & je ne veux
vous rien dire des fentiments que j'entrevois dans votre cœur. Je me trouve trop
de tendreffe pour un ingrat, & je ne puis
fouffrir la foibleffe que j'ai de vous en donner encore des marques. Mais mon cœur
eft fi fort à vous, que rien ne le peut détourner d'un penchant qui lui eft fi naturel.
Je ne connois que trop le pouvoir que vous
avez fur lui; & vous le dire dans le dépit
où je fuis, n'eft pas une des moindres marques que vous ayez obfervée dans mon
amour. J'ai toujours été pour vous tendre,
fidelle & patiente dans les perfécutions les
plus horribles. Je fuis à préfent jaloufe fans
emportement, & mécontente fans colere;
que puis-je faire, fi cela ne peut vous toucher, & quel eft le moyen de gagner votre
cœur? Seroit-il poffible, ingrat, qu'une autre l'eût trouvé? Ah! cette penfée me tour-

mente au point de me faire perdre l'efprit;
il ne tiendra qu'à vous de la detruire.

AUTRE LETTRE.

J'AI du déplaifir de ne vous pas voir, pour
adoucir les chagrins que me caufe la bizarrerie de ma famille. Elle paffe l'imagina-
tion, & fi je me comptois pour beaucoup,
j'agirois d'une maniere qui leur feroit bien
voir que je les compte pour rien; ou plutôt, fi j'étois bien fage, je ne fongerois plus
du tout à vous voir. J'en ai mille raifons;
mais il n'y en a point qui tienne contre une
paffion bien vive. Je ne fuis point contente
de vous, votre abfence, & celle de ma rivale en même temps, bleffent mon imagi-
nation. Je commence à partager l'opinion
du Public, vous pourriez bien avoir pouffé
la feinte jufqu'à la vérité, & m'avoir plus
obéi que je ne fouhaitois de l'être.

AUTRE LETTRE.

LES fentiments de votre cœur n'échappent, ni à mes lumieres, ni à mon amour.
Vous êtes tel qu'on doit être pour fe faire
uniquement & éternellement aimer; auffi
vous ai-je aimé jufqu'à la folie. Mon cœur
eft à vous, indépendamment même de la

tendreſſe du vô..e, & vous devez comp-
ter que je ne piofiteiai jamais du mauvais
exemple que vous pourriez me donner, ſi
vous deveniez infidele. Je vous aimerois
même, quand vous n'auriez plus pour moi
que de l'indifférence, mais je veux eſpérer que vous n'éprouverez jamais juſqu'où
peut aller la force de l'inclination que j'ai
pour vous, & que vous pourrez ſoupçonner ma paſſion d'être mêlée de reconnoiſſance. J'avoue que je ne puis me réſoudre
à vous donner mon portrait. Tenez-vous-
en à l'idée qui vous reſtera de moi : tant
de choſes que l'on ne peut peindre, y doivent entrer, que j'oſe eſpérer qu'elle ne
ſera pas ſi déſavantageuſe que le portrait
que je pourrois vous donner.

AUTRE LETTRE.

JE reconnois aux châteaux en Eſpagne
que vous faites ſur l'avenir, la différence
de votre paſſion à la mienne. L'amour ne
peut ſubſiſter chez vous, ſans eſpérer des
plaiſirs; & pour moi, je ne m'en promets
plus de ma vie. Je ne vous en aime pas
moins, quelque convaincue que je ſois que
je vivrois d'une aſſez heureuſe tranquillité,
ſi je ne vous aimois pas. Aucun bonheur ne
me paroît deſirable, s'il faut, pour l'acqué-

rir, renoncer à l'amour. Enfin, voilà les
sentiments que j'ai pour vous. Mon amour,
tout malheureux qu'il est, m'est plus cher
que toutes choses du monde, & que ma
vie même. Vous ne savez pas aimer ainsi.

AUTRE LETTRE.

Pourquoi me vouloir faire croire que
vous souhaitez si ardemment votre retour,
& que vous allez tenter tous les moyens
de l'avancer? si je vous avois été véritablement chere, vous ne vous seriez jamais résolu à me quitter; mais puisque vous avez
eu la force, ou, pour mieux dire, la cruauté
de le faire, je dois être la premiere à vous
exhorter à soutenir en homme le parti que
vous avez pris, & à n'oublier rien pour le
rendre utile à votre fortune. Vous ne sauriez, dans la situation où vous êtes, prendre
trop garde de donner des prises sur vous à
vos ennemis, ou à ces sortes de gens, qui,
sans haïr précisément personne, sont toujours prêts à expliquer peu favorablement
les actions de tout le monde. Je suis bien
sûre que vous ne manquez pas aux choses essentielles; mais vous savez mieux que
moi, qu'on a vu quelquefois des gens d'un
vrai mérite gâtés pour des bagatelles. Ainsi,
je vous conjure, donnez de l'attention jus-

qu'aux moindres de vos actions. Le caractere enjoué qui a fait l'agrément de vos
jeunes années, ne doit plus convenir au
poſte où vous êtes. Celui même qui viſe à
la galanterie, n'eſt pas du perſonnage que
vous jouez. Au nom de Dieu, n'allez point
vous y gâter pour des niaiſeries, & croyez
que je n'ai pas aſſez bonne opinion de mes
lumieres pour les oppoſer aux génélales,
& que je jugerai de vous ſelon ce qu'en
penſera le Public. Si j'étois moins délicate
que je la ſuis, ou que je vous aimaſſe moins
véritablement, ces ſortes de choſes ne me
toucheroient guères ; mais je ſuis une amie
difficile & une maîtreſſe glorieuſe, & je
vous pardonnerai même plutôt les fautes
qui ne regardent que moi, que celles qui
pourroient affoiblir l'eſtime que je ſouhaite
que tout le monde ait pour vous. Je vous
explique peut-être mes ſentiments avec un
peu trop de liberté ; mais je ſuis perſuadée
qu'on doit ſouffrir les conſeils d'une perſonne dont on ſait qu'on eſt ſincélement aimé. Vous ſavez quelle créance j'ai eue aux
vôtres, & combien je vous croyois capable d'en donner de bons ; mais tout homme
ſage doit ſe défier de l'amour-propre. Il
eſt à craindre qu'il ne gauchiſſe la regle
pour vous, en même-temps qu'il la redreſſe
pour les autres. Voilà un diſcours bien ſé-

rieux, & je vois bien qu'on le prendroit
plutôt pour la Lettre d'un Philosophe, que
pour celle de la plus tendre & plus paffionnée maîtreffe du monde. Mais quand
l'amour eft véritable, il enferme tous les
fentiments de l'amitié, & il eft néceffaire
dans de certains moments que ceux de l'a-
mour leur faffent place.

AUTRE LETTRE.

JE me porte bien depuis quelques jours :
auffi ne penfé-je qu'à ma fanté depuis que
vous me l'avez ordonné ; & après vous avoir
donné mon cœur, & facrifié l'indifférence
que j'avois pour elle, je fuis à préfent obéif-
fante à tout ce que veulent les Médecins,
parce que vous m'avez mandé que vous le
voulez. Je ménage ma fanté d'une maniere
qui fait bien voir que j'en dois rendre
compte à l'amour, & il ne tiendra pas à
moi que vous ne trouviez à votre retour
cette maîtreffe que vous avez penfé perdre. Mon embonpoint revient, & je commence à être en état de me venger des fot-
tifes que mon mari m'a faites depuis peu, fi
j'étois capable de vous faire une infidélité.

AUTRE LETTRE.

IL ne faut pas que vous faſſiez tant de choſes qu'un autre, pour donner une violente jalouſie à un amant . on eſt aiſément jaloux d'un rival aimable. Mr. de.... s'eſt apperçu ſans doute que vous l'êtes : il peut craindre que ſa maîtreſſe ne s'en apperçoive à ſon tour, & les diſcours qu'on m'a tenus ſur cela, me donnent lieu de croire qu'elle n'a pas attendu juſqu'à cette heure à s'en appercevoir. Croyez-moi ; il n'y a point d'affaire de vanité qui mérite qu'on mette ſa vie au hazard ; & quand on s'en fait par ſa ſottiſe, il faut du moins pouvoir être excuſé par la violence d'une véritable paſſion. Il me paroît qu'il ne doit pas vous être indifférent d'éviter, pour une maîtreſſe qui vous adore, ce qui choque la fidélité que vous lui devez, & qui peut en même-temps vous perdre. Quand je vous ai vu partir, j'ai eſpéré que vous me ſeriez fidele pendant votre abſence ; mais je n'ai point fondé cet eſpoir ſur le manque des occaſions. Je connois trop votre mérite, & je ſuis perſuadée que j'aurai pour rivales toutes les femmes qui auront de la délicateſſe & du goût ; mais je veux me flatter auſſi que vous n'en trouverez point de plus digne de votre cœur

que moi. Je céderai à plufieurs l'avantage
de la beauté ; mais pour les fentiments de
tendreffe & une fidélité qui va jufqu'au fcrupule, je prétends l'emporter fur toutes les
femmes du monde ; & il me femble que fi
ces fentiments ne font pas tout-à-fait néceffaires pour une galanterie, ils le font au
moins pour foutenir une longue paffion.

AUTRE LETTRE.

DEPUIS que je ne vous vois plus, j'ai
un tel dégoût pour toutes chofes, & même
pour la vie, que quand j'y fonge, je ne
comprends pas qu'avec un fi grand attachement pour vous, j'en aie fi peu pour elle.
Le moyen de n'être pas défefpérée quand
vous êtes abfent, & que le temps de votre
retour eft incertain ? C'eft votre préfence
feule qui peut diffiper mes douleurs ; il faut
vous voir pour oublier ce que je fouffre,
& un moindre remede ne peut me foula-
ger. Au refte, fi vous voulez que je me
donne la confolation de vous inftruire avec
fincérité de tout ce qui peut m'arriver dans
les fuites, il faut être plus modéré, & plus
fage que vous ne l'avez été en apprenant
ma derniere maladie ; autrement vous m'ô-
tez la douceur de me plaindre ; & il faudroit ajouter à la contrainte où je fuis, celle

de vous cacher mes plus secretes pensées.
Ne m'exposez pas à une peine si cruelle,
& laissez-moi la liberté de vous dire tout
ce que je souffre par rapport à vous & à
l'amour.

AUTRE LETTRE.

L'ON ne vient que de me rendre votre
Lettre du quatorze Juin. Je ne comprends
pas qu'elle ait pu être si long-temps en
chemin. La Poste iroit plus vîte, si ceux
qui l'ont faite, reconnoissoient l'inquiétude
qu'on a de recevoir deux jours plus tard
des nouvelles de ceux qu'on aime. Je suis
à tout moment aussi occupée de vous, que
vous me mandez l'avoir été de moi en cou-
rant la poste, & je n'ai pas besoin que par
elle, nuit & jour le silence augmente ma
tendresse, pour en avoir une infinie. Je ne
pense qu'à vous, je vous desire incessamment, je sens pour vous les mêmes ardeurs
qu'inspire aux autres maîtresses la présence
de ce qu'elles aiment. Il me semble même
que votre absence redouble mon amour,
ou du moins mon attention pour vous. Je
prends garde encore de plus près à ma conduite, & je serois au désespoir d'avoir la
moindre chose à me reprocher sur l'exacte
fidélité que je vous ai promise. Je ne vais

plus dans le lieu où fe raffemble tout le monde; il me paroît que j'y fens davantage le malheur.. ... Ah! qu'il eft cruel de favoir qu'on ne peut rencontrer en aucun lieu ce qu'on aime! Qu'on mene pendant l'abfence une trifte vie, & qu'il faut de courage pour la foutenir! La mienne eft d'une retraite qui me feroit tort, fi les fentiments que j'ai pour vous, étoient connus de beaucoup de gens. J'ai trouvé le fecret d'être plus folitaire que là.... & cette retraite me livre toute entiere à l'amour, dont la vivacité s'affoiblit par la diffipation que caufe le grand monde. Il me femble que Paris eft devenu un defert depuis que vous êtes parti Je n'y vois rien qui puiffe m'occuper un quart-d'heure. Je ne la fuis que de vous, & je vous aime fi uniquement & fi paffionnément, que la tête me tournera fans doute, fi votre abfence eft auffi longue que je le crains. Quoi! ne revient-on pas plutôt que les autres, quand on eft affuré d'être le plus aimé de tous les hommes? & le plaifir de revoir une maîtreffe tendre & fidelle, n'eft-il pas préferable à toutes les chofes du monde? Aurez-vous l'imprudence de comparer les plaifirs de l'ambition à ceux de l'amour? Ah! cette paffion doit être toujours la plus forte, comme elle eft la plus agréable. Il n'y a qu'elle qui

fache faire chérir jufqu'à fes fouffrances, &
les miennes ont un charme fecret & de certaines douceurs, que je ne changerois pas
pour tous les fades amufements des perfonnes indifférentes.

AUTRE LETTRE.

JE vous ai promis, dans ma derniere Lettre, un long récit de certaines chofes qui
regardoient mon mari ; mais, en vérité, je
n'ai pas la force de fonger à lui, ni d'en
parler fi long-temps. Quittez-moi de ma
parole, & vous contentez de favoir qu'il
me traite à préfent d'une maniere toute
oppofée à celle que vous lui avez connue.
Il eft prefque devenu galant avec moi, mais
s'il eft affez malheureux pour pouffer fes
prétentions plus loin, ma vengeance eft
certaine, & je vous jure une fidélité à l'é-
preuve de tout. Vous a-t-on mandé que le
Conféffeur de Madame de.... eft du nom-
bre des exilés, & qu'elle en a une douleur
fi grande, qu'elle en pleure nuit & jour ?
Cela va à un excès ridicule ; & comme fon
amie, hier j'en parus toute honteufe. N'admirez vous point la foibleffe des femmes
& leur légéreté ? Diroit-on que des yeux
qui ont fu vous regarder autrefois avec tant
de tendreffe, duffent ne s'employer aujour-

d'hui qu'à pleurer la difgrace d'un Cagot?
Serieufement je trouve les femmes plus
méprifables dans la dévotion que dans la
galanterie. Adieu.

AUTRE LETTRE.

AH! que ne pouvez-vous voir tout l'a-
mour qui eft dans mon cœur, & connoître
tous les maux que me caufe votre abfence!
vous abandonneriez bientôt la fortune, pour
venir effuyer mes larmes. Les laifferiez-
vous encore long-temps couler? Eft-ce
une abfence de plufieurs années que j'ai à
craindre, ainfi que le dit tout le monde?
Annoncez-moi, cruel, tout mon malheur;
vous ne m'avez que trop flattée. Hélas! je
fus aveugle de me laiffer perfuader que
votre féparation ne feroit que pour quelques mois. Si je l'euffe cru auffi longue
que je vois préfentement qu'elle doit être,
je ferois morte à vos yeux, & vous ne m'auriez point vu furvivre a vos derniers adieux.
N'auroit-ce pas été l'heure d'éviter tout ce
que je fouffre depuis trois mois, & tout ce
qui me refte à fouffrir avant que de vous
revoir? Mais ce qui a augmenté ma douleur, eft que la vôtre n'eft point auffi vraie
que la mienne. Non, vous ne fentez point
l'abfence auffi cruellement que moi; c'eft

vous qui m'avez voulu quitter, & vous n'avez pas regardé comme le plus grand des malheurs pour vous, ce qui devoit me causer des douleurs si cruelles. Ingrat! n'ai-je pu vous inspirer une passion digne de la mienne, & ne serois-je aimée que médiocrement d'un homme que j'aime avec tant de violence? Pardonnez, mon cher amant, si j'augmente aujourd'hui par mes reproches l'ennui de la vie que vous menez: je ne vous en ferai plus; ils sont inutiles dans l'état où nous sommes. J'oublierai le passé; & puisque ce qui nous sépare est sans remede, pensez au moins à rendre votre éloignement utile à votre fortune. Pour moi, je ne penserai qu'au bonheur de votre retour: si l'ardeur de mes desirs pouvoit l'avancer, je vous verrois dans cet instant. Que je vous dirois de choses tendres! Il me semble que je n'ai jamais bien exprimé tout mon amour, & que je sens dans ce moment une ardeur, capable de réparer tout ce que j'ai manqué à vous dire. Ah! rien ne seroit comparable à tout ce que l'amour mettroit de transport & de vivacité dans mes yeux & dans tous mes sens! Mais pourquoi augmenter mon tourment par l'image d'un bonheur si parfait, & dont je suis si éloignée de jouir! Adieu, cruel amant; pensez quelquefois, au milieu de vos occupations,

pations, que vous êtes plus aimé qu'homme du monde.

AUTRE LETTRE.

JE ne puis vous pardonner la malice que vous avez de me donner, par votre derniere Lettre, un conseil qui ne peut convenir qu'à une coquette. Avez-vous cru que je donnasse dans ce panneau? Apprenez à me mieux connoître, soyez persuadé que si le hazard fait jamais que je plaise à quelqu'un, ce sera assurément sans dessein, & que je me donnerai toujours bien de garde de faire aucun pas pour conserver les conquêtes que j'aurois faites, ni pour en faire appercevoir les autres. Si j'ai eu autrefois la fantaisie de paroître aimable à de certaines gens, c'est que je ne vous connoissois pas encore, & que je croyois que pour y parvenir, certaines conquêtes n'auroient pas été inutiles, & auroient même donné un prix à ma personne & à mon cœur, que vous n'y avez pas trouvé. Je vois bien, par le conseil que vous me donnez, que je ne m'étois pas trompée; mais je ne saurois plus avoir cette sorte de complaisance pour votre vanité. Que je suis contente, si elle peut savoir que votre Maîtresse est si peu touchée de ce qui fait les plus violents defirs de la plupart des femmes, & que le refte des hommes ne peut pas m'amufer un moment!

AUTRE LETTRE.

Que ne puis-je croire que vous ne m'aimiez pas affez pour être ponctuel à m'écrire! De la maniere dont je vous aime, je ferois moins à plaindre, que de craindre quinze jours, comme je fais, que vous ne foyez malade. Etes-vous raifonnable de m'expofer à une inquiétude fi ci uelle? Ne connoiffez-vous pas ma délicateffe & ma vivacité? M'avez-vous oubliée, ou ne pouvez-vous m'écrire? L'un ou l'autre de ces malheurs feroit un coup mortel pour moi. Il n'y a rien de funefte qui ne me paffe par la tête depuis que je ne reçois plus de vos nouvelles; vraiment l'abfence eft la fource de bien des maux.

AUTRE LETTRE.

Je ne tombe pas d'accord des louanges que vous me donnez dans votre derniere Lettre. Je cede du côté de l'efprit & du mérite, & vous gagnerez toujours autant aux comparaifons que je ferai de votre perfonne à la mienne, que vous perdrez quand vous en ferez de votre cœur au mien. Perfonne n'aime comme moi ; & pour vous en convaincre, il ne faut que lire ce que vous m'écrivez fur l'ambition & fur la fortune. On voit clairement que les affaires de cœur ne vont pas chez vous les premieres, & que vous cherchez à vous perfuader que l'amour caufe en vous le defir naturel que vous avez de vous agrandir. Tout ce que vous m'écrivez fur cela, a de la fauffeté, une véritable paffion ne connoît de bonheur qu'à vivre avec la perfonne qui l'a infpirée. Tout ce qui éloigne le plaifir de la voir ne peut lui paroître avantageux, & ce font les regards d'une Maîtreffe qui doivent faire la félicité d'un véritable Amant. Cependant vous cherchez tout préférablement à moi, & vous me donnez lieu de craindre que des vues ambitieufes ne vous accoutument à vivre loin de moi, & à ne vous en pas croire peut-être plus malheureux.

AUTRE LETTRE.

LES reproches que vous vous faites de m'avoir quittée, & ces remords que vous donnent les marques de mon amour, ne me vengent point affez de tout ce que me fait fouffrir votre abfence. Tant de douleurs finiront, quand il plaira à la fortune, qui vous conduit préfentement. Il y a long-temps que je vous ai mandé, que je m'attendois à vous recevoir de fes mains, plutôt que de celles de l'Amour. Vous nous avez l'un & l'autre méprifés pour elle; je fouhaite qu'elle reconnoiffe ce facrifice par des faveurs plus conftantes que ne font celles qu'elle a coutume de faire, & que vous ne veniez pas un jour chercher dans les bras de l'Amour une confolation à fon inconftance, & un afyle contre fes dégoûts. Pêut-être que fi vous m'eufliez bien connue, vous ne m'eufliez pas abandonnée pour elle. Adieu; penfez à moi, & m'écrivez réguliérement.

SONNET.

Quittez cette fâcheuse humeur,
Ne faites plus tant la mauvaise,
A votre âge, sainte Thérese
N'offroit pas à Dieu tout son cœur.

A soixante ans un Directeur
Vous en parle bien à son aise ;
Vous n'en avez que quinze ou seize,
Le diable trop tôt vous fait peur.

Me défendre que je vous aime,
Est faire une injustice extrême,
Malgré vous je vous aimerai.

Quand on est jeune, on n'est pas sage ;
Quand vous aurez un peu plus d'âge,
Alors je vous obéirai.

Sur une Absence.

A de cruels ennuis votre absence me livre :
Le plaisir de vous voir rendoit mon sort bien doux ;
Mais, hélas ! désormais j'ai peu de temps à vivre,
Et ce peu de temps-là, je le vivrai sans vous.
Durant votre voyage, Iris, je vous conjure,
Plaignez un malheureux si digne de pitié,
Oubliez, s'il se peut, son âge & sa figure,
Et ne vous souvenez que de son amitié.

LOIX D'AMOUR.

LOI I.

Contre les faux Amants.

Tout Blondin qui court la ruelle,
Et qui fait le feint foupirant
Près la laide, comme la belle,
N'a que le faux titre d'Amant.
Je veux qu'en chaque compagnie,
Comme un objet d'ignominie,
Il foit baroué déformais,
Et que loin d'y trouver fon compte,
Les femmes, le couvrant de honte,
Le privent d'y rentrer jamais.

LOI II.

Aux Fideles.

Je veux qu'un cœur, vraiment atteint
Du beau feu qui brûle les ames,
Soit écouté quand il fe plaint,
Et que l'on foulage fes flammes :
Je veux que même paffion
Suive fon inclination,

Qu'on lui rende mêmes tendreſſes.
Alors tous unis deux à deux,
Je leur ferai mille careſſes
Dedans mon Empire amoureux.

LOI III.

Comme doivent agir les conditions différentes.

Comme pour charmer la Bergere,
Afin de s'en rendre vainqueur,
Il faut jouer ſur la fougere,
Et des yeux lui gagner le cœur,
Par cette même conſéquence,
L'autre ſexe fera l'avance;
Je le veux & l'ordonne ainſi,
Qu'aux ſoumis les plus belles Dames,
Faſſent un débit de leurs flammes.
Alors pour noyer leur ſouci,
Le ſoumis tout rempli de gloire,
Fera connoître chaque jour
Qu'il n'eſt point plus douce victoire
Que celle que donne l'Amour.

LOI IV.

Permiſſion générale.

Rien n'eſt contraint ſous mon empire,
J'entends qu'on aime qui l'on veut,
Et qu'on apprenne ſon martyre,
Quand le bon ſentiment émeut.

Je ne trouverai point étrange,
Que l'on se quitte, ou que l'on change,
Pourvu qu'on sorte bons amis,
Et que, par accord des parties,
Les flammes étant amorties,
L'on fasse nouveaux compromis.
C'est là que brille ma puissance.
Je n'aime que le changement;
Mais j'estime pourtant l'Amant
Qui vit dans la persévérance.

LOI V.

Aux Amants & Amantes.

Je veux qu'on se cache si bien,
Nourrissant les flammes secrettes,
Que les maris n'apprennent rien
Des réciproques amourettes·
Je veux que sous de feints mépris,
L'on s'assure dans leurs esprits,
Et pour vaincre le soin extrême,
De ce qu'on peut tant dire à part,
Qu'à toute autre on parle à l'écart,
Comme on fait à l'objet qu'on aime.
Ecoutez, filles & garçons,
Suivez mes loix & mes leçons,
Regardez à ce que vous faites,
Hommes, femmes, veuves, galants:
Couvrez vos feux de ces talents,
Et soyez discrets & discrettes,
Lois ménageant les cœurs offerts,
Mes paradis vous sont ouverts.

LOI VI.

Aux Ingrats.

JE veux quiconque osera dire,
Ou se vanter d'une faveur,
Qu'il soit banni de mon Empire,
Et qu'on lui déchire le cœur
Je veux que le remords l'accable,
Et que vivant en misérable,
Rien ne le puisse consoler,
Que les Dames en ma cohue,
Lui percent la langue & la vue,
Le privant de voir, ni parler;
Et que de rigueur plus forte,
Jusqu'où la colere les porte,
Elles se baignent dans leur sein.
Alors de leur belle entreprise
D'un rare & si noble dessein,
La grace leur sera remise,
De tout temps je leur ai promise,
Contre des honneurs l'assassin

LOI VII.

Pour se mettre en grace.

JE défends sur-tout la tristesse,
Car, quand on est bien amoureux,
Faire le chagrin langoureux,
Ne charme point une Maîtresse.

Je veux qu'on foit fage & hardi,
Et que, fans faire l'étourdi,
L'on fache captiver une ame;
Qu'enfin par mille petits foins,
Loin des Argus & des témoins,
L'on faffe connoître fa flamme,
Et que le langage des yeux,
Malgré l'efprit des envieux,
Soit l'interprete des penfées.
Montrer tout fort, rien de léger,
Prendre au bond l'heure du Berger,
N'avoir point l'ame intéreffée,
Ne fe vanter jamais de rien,
Etre difcret dans l'entretien,
Parler obligeamment des Belles,
Jurer, vivre toujours conftant.
Voilà les claufes plus fidelles
Qui mettent en grace un Galant.

LOI VIII.

Pour s'y maintenir.

Je veux qu'on foit de belle humeur
Pour fe conferver en faveur,
Que les billets doux pour la Belle
Ne different point chaque jour
D'aller annoncer la nouvelle
D'une augmentation d'amour,
Que l'on agiffe avec franchife,
Que l'on s'entende à mots couverts,
Afin d'éviter la furprife,
De ces charmants billets ouverts,
Sous les noms d'Alcandre & Sylvie,
Que le Sonnet & le Rondeau,
Chantent qu'il n'eft rien de fi beau,

Qu'une amoureuse & douce vie,
Que l'on recherche pour préfents,
Tous les bijoux les plus galants;
Que l'on en donne en abondance,
Que l'on donne avec des violons
De fuperbes collations.
Toute cette magnificence,
Je promets à qui la fera,
Qu'il charmera mille Climenes,
Que tous fes Rivaux il vaincra,
Et qu'on couronnera fes peines.

L O I IX.

Aux Intéreffés.

J'AI condamné par mes Arrêts
Ceux qui me font mille careffes,
Et qui fans couleur d'intérêts,
Semblent montrer quelques tendreffes;
Et pour juftes punitions
De leurs avides paffions,
Je veux que dans la même année.
Ils y rencontrent deux étés,
Qu'aux maux leur char abandonnée,
Se flétriffe de tous côtés.
Je détefte le mercénaire;
Car de ma couronne d'amour,
L'intérêt qui voudroit tout faire,
M'en dépofféderoit un jour.
Je n'admets dedans mon Empire,
Que des gens qui cherchent les lieux,
Pour folâtrer, danfer & rire,
Et qui du langage des yeux

Viennent à celui de se dire,
Ecartons-nous des envieux.
Alors l'ardeur qui les inspire,
Me fait glisser entre les deux,
Et dans le fleuve de délire,
Je fais souvent baigner leurs feux.

Fin du Tome premier.

LaVergne, TN USA
24 March 2011
221313LV00002B/86/P